MA VIE EST UN MIRACLE

Sœur Bernadette Moriau a été reconnue officiellement en 2018 par le Vatican comme la 70e miraculée de Lourdes, la première depuis 160 ans.

BERNADETTE MORIAU

Avec la collaboration de Jean-Marie Guénois

Ma vie est un miracle

Ne jamais désespérer

JC LATTÈS

ISBN : 978-2-253-25778-3 – 1re publication LGF

À tous les malades,
Au personnel soignant
que j'invite à découvrir la grâce de Lourdes

Chapitre I

La guérison

J'ai vécu trois jours dans le ventre de la baleine. Je veux dire la baleine de Jonas, le prophète de la Bible. Vous ne connaissez pas Jonas ? Il fut jeté d'un bateau parce qu'il gênait… Le récit biblique raconte que le monstre océanique n'en fit qu'une bouchée mais le bonhomme survécut trois jours, caché dans ses entrailles ! Ce temps d'obscurité l'a sauvé. Loin de l'anéantir, cette grotte marine l'a recréé de toutes pièces.

Car Dieu détient le secret de ce travail d'enfantement. Du néant, il crée une plénitude. D'un mal, il fait du neuf.

Ainsi Jonas est sorti du poisson comme un homme nouveau. Moi, je ne suis pas Jonas mais une petite sœur qui fut lourdement handicapée et invalide, comme tant d'autres. Je me trouvais jetée hors de la barque de la vie, mise à part. Mais j'ai été guérie, miraculeusement. D'une grotte humide, à Lourdes, je suis sortie totalement rétablie. Ne me demandez pas pourquoi.

Ou plutôt, si, je vais vous le dire, car je dois tout vous raconter. Non pour vous convaincre : je suis une franciscaine, disciple de saint François d'Assise, je n'ai jamais été et ne serai jamais une théologienne. Mais si j'écris ce livre c'est pour vous témoigner de ce que j'ai vécu. Bernadette, qui a vu la Vierge à Lourdes, disait à ses contradicteurs : « Je ne suis pas chargée de vous le faire croire mais de vous le dire. »

Aussi, et cela est très important avant ce pèlerinage que je vous propose d'accomplir, je ne vous livre pas ce récit pour ma gloire mais pour la gloire de Dieu. Et surtout parce que l'Église me l'a demandé.

Enfin à ceux qui se demandent « pourquoi elle ? », une religieuse, âgée qui plus est, alors que tant d'autres souffrent, des enfants, des jeunes, des mamans, des papas..., je tâcherai de répondre aussi. Je peux vous confier simplement que ce mystère m'échappe. Dans ma prière, je n'ai jamais demandé mon rétablissement. J'ai toujours prié pour la guérison des autres.

Au fait, pourquoi Jonas ? Pourquoi une référence imagée à ces trois jours de silence et d'enfouissement ? Parce qu'au retour de Lourdes j'ai vraiment vécu trois jours de douleurs, d'obscurité, avant d'être guérie. Et que Jonas est le symbole de la Résurrection du Christ, notre Sauveur.

Vous l'avez donc compris. Je vais annoncer la couleur ! Je suis chrétienne. Catholique, religieuse, franciscaine, je crois en Jésus et en Marie. Sans eux, rien de ce que je vais vous livrer n'aurait de sens.

Trois jours de nuit donc. C'était le 8 juillet 2008. Je n'en pouvais plus. Il faisait très chaud. Rentrée de Lourdes, j'étais dans ma chambre dans notre petit couvent, à Bresles, à deux pas de Beauvais. Chez les filles de saint François d'Assise, notre inspirateur – on appelle cela une « Fraternité », pas un couvent.

C'est une maison simple mais toujours ouverte et accueillante.

Le voyage du retour avait été totalement épuisant. Douze heures dans ce « train blanc » – c'est son nom, mais on devrait plutôt l'appeler « le train qui prend son temps ». Il lambine sur les voies ferrées de France avec ses voitures pleines de malades. Dans les gares, il se met sagement de côté et laisse passer les autres convois. Ces trains de gens pressés, bien-portants. Ils passent en trombe sans le regarder. Ils le font remuer. Ce pauvre train ne se plaint pas. C'est toujours comme cela. C'est la vie.

J'ai voyagé dans « l'ambulance 12 » ainsi que l'on dénomme ses wagons. Anne, une pharmacienne bénévole, veillait sur nos compartiments couchettes. Tant bien que mal j'ai réussi à me hisser sur le lit étroit du haut qui m'était attribué. Quelle gymnastique quand on est appareillée… Sur cette couche je suis calée dans mon corset. Ce faux ami est devenu ma seconde peau, rigide. Ce compagnon d'infortune, sans qui je ne pourrais pas tenir debout, me protège – un peu – des chocs continus des rails. La morphine soulage heureusement la douleur. Je me suis autorisée à pousser un peu la dose pour supporter cette traversée. Sans cette autre fausse amie médicamenteuse, ce serait vraiment intenable. Douze heures allongée dans cette étuve ferroviaire ambulante, c'est épuisant même si l'on finit, comme toujours, par prendre son mal en patience.

Le mal. Au fait, quel mal ? J'ai alors soixante-neuf ans. Je bataille avec la maladie depuis quarante-deux années. Cela a commencé à vingt-sept ans par des douleurs lombo-sciatiques. Cela s'est terminé par un syndrome de la queue-de-cheval, soit une atteinte pluri-radiculaire des racines lombaires et sacrées. Je ne veux pas vous assommer avec des termes médicaux. Je vous en reparlerai longuement mais cela se traduisait concrètement par une quasi-paralysie. Mon pied gauche était en attitude spontanée d'inversion presque complète. Mon dos, ma colonne et mon bassin étaient en compote. Ils étaient soutenus par un corset rigide cervico-lombaire. Ce qui n'empêchait pas mon corps de souffrir, mes jambes étaient traversées de décharges électriques, de douleurs de type sciatique chronique. J'étais sous haute dose de morphine pour amortir la brûlure de ces épines invisibles. À la fin, on m'avait implanté sous la peau un neuro-stimulateur médullaire tellement la vivacité aiguë du mal était insupportable. Bref, j'étais mal en point.

Dans la nuit de ma chambre de Bresles, immobile, je revis ce voyage car je suis toujours à Lourdes. Le corps las, l'âme en paix je ne puis faire qu'une chose : prier, m'unir avec le Seigneur, par Marie. Je vous en reparlerai. Prier pour tous ces malades que j'ai côtoyés pendant ce pèlerinage diocésain. Beaucoup sont plus gravement diminués que moi. Moi, je peux encore me déplacer, un peu. Sans la morphine ma colonne vertébrale serait incandescente de douleur. Mais pourquoi se plaindre ? Ma place de religieuse dans le monde, c'est pour eux, pour les autres, pas pour moi. J'ai donné la vie que Dieu m'a donnée, à Lui et aux autres. Si ma santé ne me permet plus de les aider – j'étais infirmière –, je peux au moins prier pour eux, à temps plein, pour leur guérison, leur bien-être. Je pense particulièrement à Corinne et à Claire, moins âgée que moi, frappées d'une sclérose en plaques, large sourire mais clouées désormais toutes les deux dans un fauteuil roulant. Et tant d'autres. Mais Dieu que de malheurs. Pourquoi ce mal ? Pourquoi la maladie ? Entendez mon cri, Seigneur.

Je crie sans bruit. C'est aussi cela la prière. Pas une révolte. Une imploration. Trois jours et trois nuits vont ainsi s'écouler en ce mois de juillet 2008. Se remettre du voyage. Se remettre du pèlerinage. Mais ne se remettre de rien puisque je suis handicapée et que mon état est promis à s'aggraver. Sans aucun doute possible, ni rémission possible. Le chemin de croix est tout tracé. Je l'ai totalement accepté et je n'attends pas de miracle. Seigneur que Ta volonté s'accomplisse, pas la mienne.

Mais il est vrai que je suis revenue de Lourdes plus en paix que jamais. Je n'éprouve aucun ressentiment sur ma situation. J'ai donné ma vie à Dieu. Il en fait, et en fera, ce qu'Il voudra.

Nous sommes vendredi. Cela fait trois jours. Ah Jonas. Comment as-tu fait pour sortir de ta prison ? Connais-tu la clé ? Le code ? La foi folle, absolue ? L'Espérance ? Ou la croix, tout simplement depuis que Jésus est venu, après toi Jonas, ouvrir cette grande voie de réparation. En attendant, je « paie » cash le prix du voyage. L'âme ça va mais dans ce corps malade, c'est dur… Heureusement il y a la morphine qui atténue.

La croix… Tiens, c'est justement l'heure de l'adoration. J'entends les pas de Sœur Marie-Albertine, de dix-neuf ans mon aînée. Nous partageons tant de choses. Elle se dirige vers la chapelle. Il est 17 heures. Il faut y aller. J'aime ce face-à-face avec Dieu. Dans notre foi catholique nous considérons que le Christ est réellement présent dans ce qui a l'apparence d'un morceau de pain sans levain. C'est l'hostie, mais l'hostie consacrée par le prêtre, donc l'hostie sacrée devant laquelle on s'agenouille comme devant Dieu, présent, réellement. Nous appelons cela « l'adoration ».

J'ai dans la main un chapelet de bois encore neuf. Il m'a été offert par Sœur Marie-Albertine lors de ce pèlerinage en 2008 à Lourdes et ne me quitte plus depuis. Le chapelet, pour nous, catholiques, est un objet de prière et une prière. Matériellement c'est un fil qui relie en boucle cinq dizaines de grains. Ce lien se termine par une croix. À chaque grain, on dit un « Je vous salue Marie » et tous les dix grains, un « Notre Père ». Chaque dizaine commence par une méditation sur l'un des épisodes de la vie du Christ. Cela peut paraître répétitif mais cela aide beaucoup à prier. Je le récite souvent. Maman me l'a appris. Elle ne priait qu'avec cela. Mon chapelet me relie à Dieu.

Dieu tu es présent, partout, en chacun et dans cette chapelle en particulier. Je viens te rendre grâce de ce pèlerinage à Lourdes. Te dire vraiment merci.

Cela faisait près de vingt-trois ans que je n'étais pas allée à Lourdes. La première fois, j'avais onze ans. Nous n'avions pas d'argent. Mon père était souvent malade. Maman faisait des ménages. On attendait l'argent de la quinzaine pour payer les dettes de l'épicerie et du primeur. La viande était rarissime. Le prêtre de la paroisse m'avait offert le voyage, avec papa, pour ma profession de foi. De notre Nord nous sommes descendus à la grotte, près des Pyrénées. C'était le bout du monde à l'époque.

La seconde fois que je suis allée à Lourdes c'était juste avant mon entrée dans la vie religieuse. Le journal *La Vie catholique* organisait un concours avec, pour prix, un voyage à Lourdes ! Je l'ai gagné en expliquant dans ma lettre pourquoi je rêvais de m'y rendre avant d'entrer en religion. Ce voyage m'a marquée. Un souvenir fort, j'ai appris là-bas la mort du pape Pie XII. J'y suis retournée une troisième fois en 1970 avec ma petite sœur avant qu'elle ne meure, et une autre fois en 1985 avec ma famille.

Cette fois ce n'est pas ma supérieure ou mon directeur spirituel qui m'ont poussée à y retourner mais mon médecin généraliste, le docteur Christophe Fumery ! Ah sans lui rien ne se serait passé. Je viens le voir tous les vingt-huit jours pour le renouvellement de cette satanée morphine. Ce laïc, catholique engagé, et avant tout médecin, emmène chaque année depuis quarante ans le train des malades du diocèse de Beauvais.

C'est lui qui m'a suggéré de retourner à Lourdes.

— Vous ne viendriez pas en pèlerinage à Lourdes avec les malades du diocèse ?

— Mais, docteur, cela fait belle lurette que je ne crois plus aux miracles pour moi !

C'était plus fort que moi mais c'est aussi mon tempérament, répondre souvent trop vite, du tac au tac !

En sortant de chez lui j'ai eu honte d'avoir proféré une telle ânerie. Moi, religieuse depuis bientôt cinquante ans, la foi chevillée au corps, je lui répondais que je ne croyais plus aux miracles pour moi ! On ne se refait pas mais comment pouvais-je imaginer qu'une telle grâce me tomberait dessus... Si quelqu'un devait être guéri pendant ce pèlerinage, cela ne pouvait pas être moi. Et puis, depuis quatre décennies, je vivais tellement avec ma maladie. Je l'avais totalement intégrée. J'étais certaine que j'allais finir ma vie malade. Guérir m'était impensable.

Et puis, nous, religieuses, on ne se déplace pas comme cela. Lourdes c'était loin. Nous sommes des franciscaines, donc marquées par le vœu de pauvreté. Il était toutefois prévu que je puisse aller à Lourdes pour mon jubilé des cinquante ans de vie religieuse mais cet anniversaire était encore loin.

La proposition du docteur trotta cependant dans ma tête au point de m'habiter de plus en plus. Lourdes, pourquoi pas ? Elle se profilait comme un aboutissement. J'en parlai à la supérieure générale des franciscaines oblates du Sacré-Cœur, ma congrégation. Elle me répondit sans tarder : « Vas-y, tant que tu peux y aller ! » Après, c'est vrai, le fauteuil roulant m'était promis, mon corps devait se déformer de plus en plus, jusqu'à la fin... Pourquoi attendre ?

Curieusement, plus la date du départ approchait, plus je me sentais poussée à me rendre à Lourdes. Je sentais que ce pèlerinage en Église – j'insiste : *en* Église, car ce n'était pas une démarche individuelle – avait vraiment du sens même si je n'y avais jamais pensé par moi-même. Après tout, je me laissais guider par la Providence et par l'Église, même si les voies de Dieu sont impénétrables puisque cette fois, c'est par mon toubib qu'Il m'avait appelée !

En attendant, il est 17 heures, il faut se lever et aller vers la chapelle. Le chapelet que je tiens dans ma main est comme une corde de survie. Avec lui je parviens à me hisser, à surpasser cette maladie qui me cloue comme sur une croix. Cela fait trois jours que je suis rentrée. Je suis anéantie de fatigue. Rien ne s'est passé ou presque depuis ce pèlerinage. Sinon que le moral est très bon. Je suis même dans une grande paix mais il a fallu que j'augmente les doses de médicaments car j'ai mal, très mal. Mais quelle paix intérieure. Elle est océanique. Mes os hurlent, mon âme chante. Je n'ai jamais vécu une telle densité spirituelle. À Lourdes, il s'est effectivement passé quelque chose en moi de très profond, encore invisible mais bien réel. Je suis comme habitée.

C'est un peu difficile à exprimer car c'est très personnel et intime. Cela s'était passé dans les sanctuaires de Lourdes, au terme d'une journée bien remplie, le vendredi 4 juillet. Il y avait eu une confession bienfaisante. Dans l'Église catholique, c'est un sacrement. Il est parfois mal compris mais il est très simple. On s'approche d'un prêtre qui, pour nous, représente le Christ à ce moment-là. Ce n'est donc pas au prêtre-homme que l'on parle mais au prêtre-Christ, pour lui confier, confesser ce qui ne va pas dans nos vies. Ce que l'on appelle nos péchés. Ce sacrement, qui s'appelait de la pénitence, se nomme maintenant sacrement de la réconciliation mais il a toujours mauvaise presse. Beaucoup disent, à l'extérieur de l'Église, qu'il nourrit la culpabilité. Mais c'est tout le contraire ! Il libère profondément : à travers ce prêtre, on reçoit le pardon de Dieu. Cela procure une grande paix intérieure. Le pape François en parle beaucoup et le recommande.

Après la confession, nous avons reçu le sacrement des malades. Là aussi cela peut paraître très « catho » mais c'est très simple. On refait avec le prêtre ce que Jésus faisait avec les malades qui venaient autour de lui. Il leur imposait les mains sur la tête. Le prêtre impose donc ses mains sur chacun des malades du pèlerinage. Avec le Christ et en son nom, il prie sur eux. Puis il nous signe le front et les mains avec de l'huile sainte, que l'Église a bénie, selon une pratique qui remonte aussi au temps des apôtres. Il n'y a rien de magique, pas de guérison instantanée, mais nous demandons au Christ, en Église – j'insiste encore –, c'est-à-dire ensemble, de nous donner la force de supporter ce que nous avons à vivre.

Cela peut paraître banal, comme ça, de l'extérieur, mais pendant un pèlerinage, entre malades, on se sert vraiment les coudes, pour de petites choses concrètes mais aussi pour la prière. Et le Christ est très attentif aux petits et à toute personne qui souffre. Il est là quand on le prie. Vécu dans la foi, le sacrement des malades donne beaucoup d'allant. Ce n'est pas du dopage. C'est la force tranquille de la foi.

À Lourdes, il y a eu aussi le signe de l'eau. Là encore, la simplicité règne. Sainte Bernadette, qui est ma sainte patronne, a recommandé de boire de l'eau de la source. L'eau a jailli miraculeusement sous ses yeux quand la Vierge, lors des apparitions de 1858, lui a demandé de creuser avec ses mains la terre. Cette eau nouvelle coule toujours. Elle est bénéfique. On peut en boire, on peut se laver le visage, les mains. On peut aussi prendre un bain complet car il y a des piscines près de la grotte. Elles sont spécialement aménagées pour que tous, dont les personnes handicapées, puissent y plonger. Ce sont de grosses baignoires à vrai dire. Elles sont creusées dans la roche sombre locale. Des bénévoles sont là pour vous y déposer délicatement. C'est un acte physique mais c'est aussi une forme de prière spirituelle. Cela rappelle notre baptême qui nous purifie, nous renouvelle. On se lave dans l'eau de la résurrection du Christ.

Je ne sais pas pourquoi mais, cette fois, je l'ai vécu très intensément. Dans cette immersion totale, je me suis sentie purifiée comme si je venais de vivre un nouveau baptême. Mon corps était pourtant bien abîmé, souffrant… Et plouf, plongée dans l'eau glacée ! Cela fait un électrochoc. Cela dure quelques secondes. On vous ressort. On sèche instantanément. On est autre, renouvelé.

Et puis l'on passe et l'on repasse, poussé dans nos fauteuils roulants, dans et devant cette grotte mystérieuse. Marie est là, j'en suis certaine, une belle statue rappelle sa présence, mais elle est là, mère accueillante de toutes les misères du monde qui viennent déposer à ses pieds le trop-plein, le ras-le-bol, l'angoisse, la dépression, la souffrance, le handicap à vie, tous ces pleurs, ces larmes extérieures ou bien secrètes, à l'intérieur des consciences, ces larmes invisibles.

Je suis toujours frappée par la paix de ce lieu. Son silence. On entend le roulement continu du Gave, cette rivière qui coule au creux de la vallée, puissante, pleine de force. Ce cours d'eau se fâche parfois, déborde, ravage. Mais là, dans la grotte, c'est la force de Dieu. Immobile présence spirituelle, mystique. Si accessible à tous. Si proche des petits. Des pauvres. Des affligés. Ce Dieu que Marie porte au monde n'est pas lointain. On dirait qu'il attend comme un enfant que nous voulions bien le regarder, lui prêter un peu d'attention. Et pourquoi pas lui demander quelque chose.

Je me souviens que sainte Catherine de Sienne, amoureuse de l'Église, fougueuse, déterminée, concrète, s'approchait parfois du tabernacle de l'Église où repose Jésus dans son Eucharistie, ce pain azyme et sans levain consacré par le prêtre pendant la messe que nous, catholiques, considérons comme « la présence réelle » de Jésus. Je me répète, je le sais, mais c'est important. Et là, cette femme de grande foi, qui a sauvé l'Église de Rome en soutenant le pape en une période tourmentée, disait à Dieu : « Je veux ! »

Qu'est-ce que « je veux », moi, pauvre petite religieuse ? Chapelet à la main, je lève les yeux vers Marie. Ce n'est pas une statue que j'adore, mais à l'intérieur de mon cœur, Marie, cette maman du ciel qui connaît Jésus comme personne. Elle peut tout lui demander. Et, à elle, on peut tout demander. Ce n'est pas une déesse que je prie mais la mère du Christ, attentive, comme toutes les mamans, à tous ses enfants, qu'ils soient jeunes ou âgés. Tout cela se passe dans le cœur. Avec le langage du cœur. Ce n'est pas si mystérieux que cela si on veut bien voir les choses avec le cœur.

Mais, Seigneur, je ne veux rien pour moi. Puisses-tu soulager la souffrance de tous ceux qui sont là, autour de moi et de tous ceux que je connais, que j'aime et qui se sont recommandés à ma prière.

En sortant des piscines de Lourdes, en repassant devant la grotte nous formons un autre train. Il n'est plus sur rails mais sur les fines roues en caoutchouc de ces centaines de charrettes bleues. Ce convoi étrange, baroque, avec ses béquilles qui dépassent, ses bénévoles adorables qui tirent ou qui poussent, toujours en souriant, quel est-il ? C'est le train de l'Espérance. Je reparlerai de cette vertu qui apporte tant. Ce n'est pas de l'optimisme. Ce n'est pas une illusion. C'est une sorte de confiance dans l'impossible. Une confiance dans le bien. La certitude que le mal ne peut pas l'emporter à la fin.

À Lourdes ce train de l'Espérance nous conduit à la procession eucharistique. C'est encore un rituel spécifique à ce sanctuaire. Cette fois, la locomotive devant les chariots c'est l'hostie consacrée, une grosse hostie installée, pour la rendre plus visible, dans un ostensoir rayonnant que porte à bout de bras un prêtre. C'est beau, vraiment très beau. Dans la foi – je l'ai dit et je le répète car ce n'est pas « croyable » –, nous croyons que le Christ est réellement présent dans cette hostie consacrée. C'est donc à sa suite que l'on marche, pour ceux qui le peuvent, ou plutôt que l'on roule sur nos charrettes. Le moteur c'est Lui, le Christ, pas nous. Laissons-nous conduire.

Et puis arrive la bénédiction qui est un moment très solennel et extrêmement touchant. Le prêtre bénit les malades avec l'ostensoir penché vers eux, en faisant un lent signe de croix sur eux. On dit que beaucoup de guérisons à Lourdes se font à ce moment-là. Le recueillement est intense. Mgr Jean-Paul James – alors évêque de Beauvais – accompagne le pèlerinage. Quand l'ostensoir s'approche de moi, c'est lui qui le tient et qui me bénit. Pour moi, religieuse, ce n'est pas une première. Combien de fois cela m'est arrivé au couvent ! Combien d'adorations du saint sacrement, ce temps de prière silencieuse, se sont terminées par cette bénédiction liturgique. Mais en ce 4 juillet 2008, il se passe vraiment quelque chose en moi…

Comment le dire ? Je ne voudrais tellement pas me mettre en avant. Si je l'écris aujourd'hui, c'est pour apporter quelque chose à ceux qui souffrent. Alors oui, je peux l'écrire. Quand l'évêque m'a bénie avec l'ostensoir j'ai senti au fond de moi que le Seigneur, Jésus, me visitait… Comme jamais. Ceux qui ne partagent pas ma foi et qui lisent ces lignes vont penser que je suis folle. Mais non, je peux vous dire que non ! Je suis très lucide. Ce moment est resté gravé à tout jamais dans ma mémoire. Car le Seigneur m'a parlé et voici ce qu'il m'a dit : « Je vois ta souffrance et celle de tes frères et sœurs malades. Donne-moi tout. »

Un quart de seconde. J'étais totalement bouleversée. Évidemment je lui donnais tout. Je m'unissais à la croix du Christ. Je n'étais pas là pour moi. En aucun cas je ne priais pour ma guérison. Petite sœur, amoureuse de Jésus, j'intercédais pour les autres malades. Que pouvais-je donc demander pour moi ? J'avais accepté mon état, ma maladie. J'y avais trouvé une voie, le sens de ma vie. Douloureuse mais en communion avec le Christ. Du moins, j'essayais, je tendais à cela de tout mon cœur, de toute mon âme, de tout mon pauvre corps.

Je sais que ces phrases peuvent choquer certains. Mais j'aime trop la vérité pour ne pas dire ce qui est. C'est mon bois, je suis faite comme cela. Parfois impulsive, parfois un peu trop directe, mais ce que j'ai vécu, ressenti, entendu, c'est cela. Le Christ, au moment où l'évêque me bénissait, m'a demandé dans l'intimité de mon cœur de tout lui donner. Tout. Ne rien retenir pour moi. Ne rien attendre. Pas de consolation. Pas de guérison. Me donner à Lui. Donner, ne pas prendre. Me donner totalement, sans rien attendre. Cette phrase de saint François d'Assise me revenait : « Ne gardez rien de vous afin que vous reçoive tout entier Celui qui se donne à vous tout entier. »

De ma vie entière, je n'avais jamais été visitée à ce point par le Christ. De toute ma vie, je n'avais été à ce point saisie. Que dire de mieux ? J'ai fait à Lourdes, pendant cette procession eucharistique le 4 juillet 2008 à 17 heures, une expérience directe de Dieu. Elle n'a rien d'exceptionnel. Je sais que d'autres personnes vivent aussi une grâce similaire, sans spectacle, dans l'oratoire de leur cœur.

Dieu n'est pas violent. Il parle comme dans un souffle. Il utilise des mots de silence. Il laisse une empreinte de paix que personne d'autre ne peut donner.

Ah la paix. Oui, quelle paix intérieure ! Voilà que s'achevait le pèlerinage et j'étais déjà tout autre. Mon pauvre corps tortueux était toujours dans ses tourments. Mais aux piscines, dans cette eau polaire, j'avais été lavée de quelque chose. Sous le feu de la bénédiction du saint sacrement j'avais été brûlée par l'amour sans limites de Dieu. Deux fractions de seconde : l'eau, le feu… Cela marquait en moi, pourtant religieuse, le début d'une nouvelle vie. Une vie nouvelle que je ne pouvais pas imaginer.

Mais elle commençait mal, cette vie nouvelle. Il fallait déjà repartir. Quitter ce paradis de Lourdes seulement perceptible aux yeux et aux oreilles du cœur. Boucler ma modeste valise. Affronter le long trajet de retour, ce train de fer. Sans changement apparent. J'étais une autre dans mon intérieur. J'étais la même dans mon extérieur.

Je savais ce qui m'attendait : irrémédiablement handicapée, condamnée à bientôt ne plus pouvoir marcher ne serait-ce que quelques pas – ce que je pouvais encore faire dans un périmètre très réduit. Perdre totalement mon autonomie et dépendre de plus en plus de mes sœurs. Accepter cette dépendance souvent humiliante et que connaissent tant de grands malades. « Donne-moi tout », m'avait dit le Seigneur. Oui, Seigneur. Je ne me plaindrai de rien. Tu m'avais redonné la joie totale. Mais il fallait maintenant remonter sur cette couchette en vieux skaï. Il fallait, dans ce compartiment étouffant, retraverser comme à tâtons la France, enfermée dans mon corset, avec une attelle à la jambe pour contrôler ce pied tordu. Et toujours cette boîte rouge de Skenan, la morphine, à portée de main. J'étais à plus de 200 mg. Un gros dosage. Il fallait contrer la douleur mais je sentais la joie de Dieu au fond de moi.

Et voilà cette chambre de Bresles. Trois jours donc que je suis rentrée de ce périple pèlerinage. Comme Jonas, dans le ventre de la baleine, trois jours… Il ne s'est rien passé. Je ne suis pas déçue puisque je n'attendais rien. Dieu m'a comblée d'une grâce de paix et de joie profonde. C'est le corps qui ne suit pas. C'est ainsi. Cela n'a pas d'importance. Mais en ce vendredi 11 juillet je sors de l'obscurité de ma chambre où je me suis lentement reposée. Comme dans un tombeau. Ce fut aussi un long temps de souffrance mais de prière tout aussi intense et louange. Depuis Lourdes, je me sens plus unie à Dieu que jamais, mon Créateur, corps et âme. J'ai eu l'impression de vivre là-bas un nouveau baptême, une Pentecôte intérieure. D'avoir été visitée d'en haut en mon plus bas, en cette chair abîmée.

À petits pas je retrouve Sœur Marie-Albertine dans notre modeste chapelle de l'autre côté de la cour pour ce temps d'adoration. Il est 17 heures précises. Comme deux sœurs unies à leur Seigneur, nous prions, pour le monde, pour la paix, pour les malades, les souffrants de toutes sortes, pour les pauvres, pour l'Église. Nous demandons, nous implorons pour ce qui va mal mais nous rendons aussi grâce pour ce qui va bien.

Dans ma tête et dans mon cœur je suis toujours à Lourdes. Je sais qu'à ce moment précis le long chapelet des charrettes de malades roule comme un train d'Espérance derrière le Christ présent dans la grande hostie de l'ostensoir. Le nôtre, ici, dans la chapelle est moins imposant mais tout aussi brûlant. Brûlant d'Amour, je veux dire. C'est le même Christ, ici et là-bas dans l'ostensoir. C'est le même Christ caché au fond des tabernacles des cathédrales comme des humbles églises des campagnes les plus reculées du monde. Mais quel Amour infini… Pendant ces trois jours d'obscurité j'ai relu l'enseignement de saint François d'Assise, un autre amoureux fou du Christ dans son Eucharistie notamment.

Je sais que ces lignes peuvent ne rien dire à ceux qui ne croient pas en la présence réelle du Christ dans l'Eucharistie qui est au cœur de la foi de l'Église catholique. Mais je dois les écrire car je tiens toujours à la vérité. L'histoire que je vous raconte n'est pas magique. Ni mythique. Je crois que Jésus est né à Bethléem il y a deux mille ans et plus. Qu'Il est le fils de Dieu. Qu'Il est mort sur une croix. Qu'Il est ressuscité le troisième jour. Qu'Il est monté aux cieux et qu'Il est assis à la droite du Père, Dieu. Et que l'Église perpétue, à sa demande, le geste de la cène à chaque messe avec les paroles qu'il prononça la veille de sa passion. Permettez-moi de les écrire ici ces paroles du prêtre parce que sans cela on ne peut pas comprendre ce qui m'est arrivé.

À chaque messe donc, au moment de la consécration, le prêtre, saisissant l'hostie, juste avant de l'élever, redit les mots de Jésus : « Prenez, et mangez-en tous : ceci est mon corps livré pour vous. » Puis, avec le calice rempli de vin et mêlé d'une goutte d'eau :

« Prenez et buvez-en tous, car ceci est la coupe de mon sang, le sang de l'Alliance nouvelle et éternelle, qui sera versé pour vous et pour la multitude en rémission des péchés. Vous ferez cela en mémoire de moi. »

À ce moment-là, nous catholiques, nous croyons que ce pain est réellement devenu pain vivant, corps du Christ. Et que le vin est devenu réellement sang du Christ. Ne me demandez pas comment, je ne suis pas théologienne. Mais je le sais. Ce n'est pas une illusion. Plus d'un milliard quatre cents millions de catholiques partagent cette même foi sur la terre. Ils en vivent.

Cette nourriture spirituelle, c'est la communion eucharistique. En mangeant ce « pain », en buvant ce « vin », nous nous unissons au Christ qui vient davantage habiter en nous. Et quand nous prions devant l'ostensoir où est enchâssée une hostie consacrée, ou devant le tabernacle fermé qui contient ces hosties en réserve, c'est comme si nous étions en présence du Christ.

Pardonnez ce petit cours de catéchiste, je ne recommencerai plus ! Enfin je crois… C'est pour vous dire que même dans la petite chapelle de Bresles, devant le saint sacrement, c'est comme si j'étais à Lourdes, dans la procession eucharistique. L'eucharistie, le Christ présent, est comme un point central de toute l'Église qui permet de nous unir, tous à tout moment et partout.

Je suis donc à ce moment-là unie avec les malades à Lourdes, tout en étant assise sur le deuxième banc gauche de la chapelle de Bresles en Picardie. Nous prions. À 17 h 45 précisément, je ressens une grande détente dans mon corps. Une chaleur qui part du cœur et qui se répand partout. Cette chaleur m'envahit. Je ne sais pas ce qui m'arrive. Je n'ai aucune idée de ce qui peut alors se passer. Je continue à prier.

Cela peut vous paraître trop simple ou trop court mais ce fut ainsi. Rien de spectaculaire sur le moment. Dieu aime la discrétion, sa main puissante est un souffle léger, son feu est une brise, il ne parle qu'en silence. Oui, une simple sensation de chaleur qui part du cœur et qui envahit tout. Un sentiment de profond bien-être. De paix totale. Cette chaleur n'est pas une brûlure. Encore moins une morsure. Elle est comme un bain chaud intérieur. Sa diffusion est bienfaisante. Comme une volute, elle visite en douceur chaque cellule du corps. Une sorte d'huile douce qui comble l'organisme tout entier. Elle apaise. Elle calme. Elle guérit. Furtive, elle passe. Efficace, elle ne reviendra plus. D'autres miraculés de Lourdes ont décrit exactement le même phénomène de « chaleur » intérieure. Elle se tait. Elle est invisible.

L'Amour divin est une puissance humble. Il ne s'exprime que dans les creux ou les bosses de nos vies intérieures. Il fuit nos gloires supposées et nos superficielles apparences. C'est l'Être même. Pas l'Être Suprême, philosophique. L'Être qui donne vie. L'Être d'Amour.

L'office de vêpres qui suit ce temps d'adoration terminé, je retourne dans ma chambre. Là j'entends une voix intérieure qui me dit : « Enlève tes appareils. » Je pense alors aussitôt à la parole du Christ dans l'Évangile qui ordonne à un malade qu'Il guérit : « Lève-toi, prends ton grabat et marche. »

Et sans même réfléchir, ni même discuter une seconde, et sans me poser une seule question sur ce qui m'arrive, j'enlève tout cet attirail d'handicapée : l'attelle de jambe, le corset et j'en passe… Je me sens parfaitement bien mais je ne sens pas ce qui se passe vraiment. Je me rends compte que quelque chose a changé une fois seulement que j'ai enlevé tous mes appareils.

Je réalise alors que mon pied gauche est revenu à sa place… Il est parallèle à l'autre ! Il n'est plus en équin comme il était. Je comprends que même sans corset je n'ai plus mal, nulle part. Alors j'arrête le neuro-stimulateur.

Je sors de ma chambre et j'appelle Sœur Marie-Albertine. Elle vient vers moi et tombe des nues. Elle me demande :

— Mais qu'est-ce qui t'arrive ?

— Je ne sais pas ce qui m'arrive. Je n'ai plus rien. Je n'ai plus mal…

Nous sommes dans la pièce principale de la maison. Il y a une statue de la Sainte Vierge et une photo de notre fondatrice. Nous nous en approchons et comme deux gamines nous pleurons, nous pleurons, nous pleurons. De joie, de stupeur, d'émerveillement, de grâces, d'émoi. Et puis, comme deux chrétiennes, comme deux religieuses, nous prions, nous prions, nous prions. D'action de grâces, de remerciements, de gloire à Dieu, d'Espérance, de merci.

J'arrête aussitôt la morphine. D'un coup… Ce qui ne peut pas se faire normalement, mais tout se passe bien. Aucun effet secondaire…

J'abandonne aussi la télécommande de mon neuro-stimulateur greffé sous la peau qui me permettait d'envoyer régulièrement des petites décharges électriques sur les zones douloureuses de mes jambes. Cet appareil qui m'avait tant soulagée est devenu strictement inutile. J'arrête aussi les auto-sondages puisque tout est rentré dans l'ordre.

Et puis le soir, la nuit, j'ai encore pleuré. Je rendais grâce à Dieu. Je lui disais merci.

En fait, je suis étonnée d'être guérie. Au fond de moi je n'ose pas y croire. Je me demande si cela va durer. Cela fait quarante ans que je bataille avec la maladie et là, en quelques minutes, plus rien…

Comment réaliser ? C'est incroyable : Quarante ans de maladie ; quarante secondes, plus rien, guérie, nette.

On ne peut pas s'habituer à un changement aussi important en aussi peu de temps. Votre corps n'est pas un corps étranger, c'est votre corps, celui où vous habitez chaque minute de votre vie. Vous en connaissez tous les recoins comme une vieille maison de famille. Vous savez ce qui marche et ce qui ne fonctionne plus, à jamais. Il était déformé, douloureux, malade, et le voilà intact, confortable, habitable. Il ne répondait pas à mes injonctions et le voilà qui obéit au doigt et à l'œil ! Et tout cela en quelques secondes.

Oui, incroyable mais pas incompréhensible. Passé la stupeur, l'étonnement, l'effarement, je ne sais comment décrire la surprise créée par ce changement doux mais tellement rapide, presque instantané, je pense aussitôt à Lourdes et à ce moment fort vécu lors de la bénédiction eucharistique non loin de la grotte de la Vierge.

C'est là, je pense, que tout a commencé. Ce qui m'arrive est évidemment lié à la Vierge de Lourdes mais aussi à l'Eucharistie. C'est une évidence pour moi. Dans notre foi catholique, la Vierge intercède pour nous mais c'est le Christ qui guérit. On le constate dans l'Évangile et dans les actes des apôtres. J'y reviendrai.

En attendant je reprends mon chapelet en cette soirée de merveilles et je récite les mystères joyeux, c'est-à-dire tous les moments joyeux de la vie du Christ. Joyeux… Le mot est faible. Cette nuit-là, je ne dors pas… Je pleure de bonheur et en même temps je ne cesse de louer Dieu et de prier pour que d'autres guérisons adviennent chez les autres.

Au matin, il faut que je prévienne ma supérieure générale à Nantes où se trouve notre maison mère. J'appelle Sœur Marie-Françoise que j'obtiens aussitôt. En religion c'est d'elle que je dépends car j'ai fait vœu d'obéissance. Je lui raconte toute l'aventure. Elle ne doute pas un instant mais elle est prudente. Elle me conseille d'aller voir mon évêque pour lui raconter mais de rester discrète pour les autres : « Ne dis rien, garde le silence. »

Chapitre II

Le secret

Ne rien dire, c'est facile à dire. Je suis plutôt bavarde mais je sais rester discrète. C'est fondamental quand on est religieuse. C'est un peu notre métier que d'écouter les gens. Et de ne pas parler de nous… Ils racontent leur vie, leurs soucis. Cela leur fait du bien de pouvoir se confier à quelqu'un. Nous ne pouvons pas confesser, mais beaucoup de gens nous font des confidences personnelles. Cette discrétion est un pacte implicite. Pas besoin de mots, le regard de détresse de beaucoup suffit. Ils ont besoin de déposer leur fardeau. Pour aider et prendre soin nous sommes dépositaires de tant de souffrances intimes. C'est Jésus qui nous le demande. Il y a tellement de solitude dans ce monde soi-disant « connecté ». Combien de personnes âgées ne voient personne ou presque. Combien de plus jeunes, très en contacts extérieurs mais secrètement isolés à l'intérieur.

Garder ce qui nous est confié est aussi une forme suprême de respect, de délicatesse pour le trésor de la personne qui nous fait confiance. Nul voyeurisme mal placé ou curiosité malsaine dans cette démarche d'écoute. Et, si vous permettez, encore moins de ces secrets d'archevêchés ou de presbytères qui ont plombé la vie, comme un cercueil intérieur, de tant de victimes de prêtres pédophiles. Une minorité de minorité, mais un vrai et lourd scandale qui me fait souffrir pour mon Église mais encore plus pour ces innocences violées, bafouées, trompées…

Je ne m'égare pas en évoquant ce sujet, cette notion de secret m'y fait penser. Après ces scandales de la pédophilie et dans un monde qui se veut transparent, parler de secret peut être mal compris. Quand ma supérieure me demande de ne rien dire ce n'est donc pas pour cacher mais pour préserver. Il s'agit de prudence élémentaire. Comment crier à la guérison quand rien n'est encore vérifié ou que le mal pourrait revenir ?

Oui, je suis guérie mais tellement ahurie et choquée. Pourquoi moi ? Est-ce que cette guérison sera durable ? C'est comme si j'avais changé de corps en quelques minutes. Vous réalisez ? Moi, pas encore ! Même dix ans après tellement c'est incroyable… Votre corps vous empêchait, votre corps vous permet. Votre corps était en cale sèche, le voilà qui surfe sur la vague de la vie. Dieu, le Maître de l'impossible, peut aller jusque-là. J'y crois.

J'ai alors envie de le crier sur tous les toits. Mais il faut se taire pour le moment. L'Église n'est pas idiote. La décision de ma supérieure est d'abord un acte de raison que je partage sur le moment, même si mon tempérament entier, mon enthousiasme et surtout ma joie me conduiraient, si je le pouvais, à sortir dans la rue pour annoncer ces merveilles du Seigneur sur les places publiques.

Mais comme dans tout bon secret, il y aura des confidences… Après Sœur Albertine, premier témoin direct du phénomène, ce sera le tour de ma belle-sœur, Geneviève, qui devait me rendre visite quelques jours après mon retour de Lourdes. Ce qui tombait le 12 juillet, lendemain de ma guérison… À l'heure prévue, elle sonne à la porte de notre petite communauté. Je vais lui ouvrir. Elle ouvre des yeux ronds comme des soupières en me voyant :

— Mais qu'est-ce qui t'arrive ?

— Chut…

— Mais pourquoi tu ne m'as rien dit ?

— Je vais te raconter.

Et nous voilà parties, bras dessus, bras dessous, pour une longue promenade dans la forêt voisine. Moi qui ne pouvais me déplacer que d'une dizaine de mètres quelques jours plus tôt, au prix de beaucoup d'efforts et d'un énorme abattement, me voici, trottant dans les sous-bois, intarissable, lui expliquant tout ce qui m'était arrivé, à Lourdes puis à mon retour. Nous marchons longtemps. Au retour je me rends compte que nous avons parcouru 5 kilomètres sans peine, ni fatigue particulière… Là, je me dis que je suis vraiment guérie.

J'avais certes enfreint la consigne de silence de ma supérieure mais je ne pouvais pas vivre recluse non plus. Je ne pouvais pas annuler ce rendez-vous avec Geneviève. Elle venait de loin pour me voir et m'encourager.

Même situation, publique celle-là, le lendemain, dimanche 13 juillet avec la messe paroissiale ! Je suis musicienne, je joue de la cithare pour les offices de la communauté et on me demande parfois d'animer les chants de la messe du dimanche. Ce jour-là, j'essaie de me faire toute petite pour ne pas me faire remarquer. Comme je suis déjà en place dans le chœur pour animer les chants, les gens ne me voient pas trop déambuler, je me lève, je me rassieds. Mais une sœur de passage regarde fixement mon pied gauche qui était paralysé, tordu à angle droit mais corrigé par une attelle, donc immobilisé… battre la mesure de la musique !

À la fin de la messe, elle s'approche de moi et me questionne :

— Mais tu battais la mesure avec ton pied gauche pendant la messe ?

— Chut… Il ne faut rien dire.

— Ce n'est pas possible, il s'est passé quelque chose.

— Écoute, je reviens de Lourdes, j'ai été… guérie.

Interloquée, la sœur m'embrasse comme du bon pain. Elle gardera le secret qui deviendra toutefois un secret de Polichinelle au fil des dimanches. Mais à propos duquel les gens resteront relativement discrets. D'abord parce que je n'étais pas encore très connue dans cette petite ville où j'étais arrivée seulement un an et demi plus tôt. Ensuite parce que les gens se disaient qu'il importait, avant toute conclusion hâtive, d'attendre le jugement de la médecine et de l'Église. Là commençait pourtant un parcours du combattant que je ne souhaite à personne même si je désire du plus profond de mon cœur que toute personne malade soit guérie.

Car franchement, je ne pouvais pas imaginer un instant que la médecine soit à ce point réticente à constater une guérison qu'elle ne peut pas expliquer en l'état actuel de ses connaissances. Et je ne pouvais pas imaginer non plus que l'Église soit à ce point prudente pour reconnaître un miracle, une intervention divine dans la vie d'un individu !

Sans oublier – à côté de cette mise en doute par le corps médical et par le corps ecclésial de ce qui m'était arrivé, systématique, radicale et profonde – une mise à nu. Il n'y a pas d'autre mot. Une mise à nu de tout ce que j'étais, avais été et allais devenir. Jamais dans ma vie je n'aurai été « scannée » à ce point, sur le plan physique, physiologique, psychologique, psychiatrique et… spirituel. Jamais je n'aurai été examinée, interrogée à ce point, toujours à la recherche de l'explication rationnelle mais aussi à la traque de la faille potentielle, de l'imposture ou de l'escroquerie.

Toutes ces enquêtes, contre-enquêtes, examens, contre-examens visent à mettre l'ensemble des éléments à disposition sur la table pour soupeser, jauger, contredire si possible ou confirmer. Je suis d'accord avec cette méthode ultra critique d'analyse et je respecte infiniment les hommes et les femmes de science et de médecine qui m'ont scrutée, mais je mentirais si je ne disais pas qu'il s'agit d'une épreuve très longue, très exigeante et que rien n'y est fait à la légère, au contraire. Parce qu'il s'agirait d'un miracle, on en rajouterait dans une sorte de défiance *a priori*.

Mais avant de vous raconter ce parcours et cette épreuve, je dois vous confier ce qui fut peut-être, avec la guérison elle-même, l'un des plus émouvants moments de cette aventure avec l'homme sans qui rien ne se serait produit et dont j'ai déjà parlé : mon médecin généraliste, le docteur Fumery.

C'est lui en effet, médecin et homme de foi, qui m'avait convaincue de tenter un pèlerinage à Lourdes. Et c'est à lui que j'avais objecté que je ne croyais plus à un miracle pour moi ! Mais la force paisible et simple de sa proposition avait fini par me convaincre d'emprunter avec lui le train des malades qui m'a conduite à Lourdes avec le pèlerinage diocésain. Ce médecin généraliste exerce à Bresles, cette petite ville où j'habite avec la communauté de religieuses franciscaines, non loin de Beauvais. C'est un lève-tôt. Il commence ses consultations à 7 heures du matin !

Je suis une habituée puisque c'est lui qui me renouvelait tous les mois la précieuse ordonnance de morphine qui limitait les douleurs atroces que je ressentais partout et particulièrement dans la colonne vertébrale.

Une fois le 14 juillet passé, telle une Marie dans l'Évangile qui se précipite au tombeau du Christ de bon matin, je me « pointe », si je puis dire, la première avec cette précieuse nouvelle dans mon cœur, au 20 rue Pierre-et-Marie-Curie. Dans mon élan, je ne vois même plus la plaque médicale du docteur Christophe Fumery qui vient d'ouvrir sa salle d'attente. Une seule chose m'importe, lui raconter, lui montrer mon nouvel état et surtout avoir son avis, son diagnostic. Être certaine, malgré l'évidence, que j'ai bien été guérie, que je n'ai pas rêvé, que je ne suis pas dans l'illusion, que je ne suis pas folle…

Je n'avais toutefois pas prévu la charge émotionnelle de cette rencontre. C'est dans ce même cabinet que tout avait commencé. Et je vivais là comme la fin de la première boucle de ce périple. Et le commencement d'une autre odyssée médicale, qui aboutirait au constat de ma guérison.

Qu'est-ce que je n'avais pas prévu ? Qu'une fontaine de larmes entrerait sans rendez-vous, dans son cabinet… Tellement émue, heureuse et encore choquée de ce qui m'était arrivé seulement quatre jours plus tôt, le 11 juillet. Non seulement je pleurais comme une madeleine mais mon corps semblait ne plus avoir de force. J'étais comme éperdue de reconnaissance pour ce médecin qui avait cru, le premier, à une possible guérison, même si je savais bien que je devais ma guérison au Christ par la prière de la Vierge Marie.

En médecin aguerri, il contint son émotion même s'il avait instantanément compris que quelque chose de très grand s'était produit.

— Qu'est-ce qui vous arrive, Sœur Bernadette ?

— Je ne sais pas, docteur…

— Je suis heureux.

« Je suis heureux. » La limpidité et la simplicité de sa réponse confirmaient en effet que le coup d'œil du soignant ne s'était pas trompé. L'examen clinique qu'il fit dans la foulée démontra qu'il ne restait « plus rien », à première vue, de cette longue dégradation maladive dont j'étais affectée depuis des décennies.

« Plus rien. » Ses deux mots résonnaient dans ma tête comme une première réponse, démontrant que je ne rêvais pas et que j'avais tous mes esprits.

Lui, le médecin, voyait mon corps guéri. Il l'avait vu déformé par la maladie. Il le voyait autre et même. Nouveau et même. Lui savait l'ampleur du mal. Il voyait l'ampleur de la disparition soudaine de ce qui me rongeait avec sévérité et célérité. Il connaissait la catastrophe. Il constatait la métamorphose.

Il confiera plus tard à un journaliste : « Je la voyais tous les mois pour le renouvellement de sa dose de morphine. Elle était très handicapée. Après son retour de Lourdes, elle n'avait plus aucun symptôme. C'était exceptionnel. Elle avait été visiblement guérie. J'avoue que je suis tombé sur le c… »

Pourtant ce vieux briscard n'était pas totalement étonné. Il en avait emmené des trains vers Lourdes. Un par an depuis quatre décennies ! Et des « miracles », ce que j'apprendrais plus tard, il en avait déjà vu, et plus d'un, même s'il restait discret. Il était donc à moitié surpris. Sauf, tout de même, de voir que je n'avais même pas subi un seul effet secondaire de l'arrêt brutal de la morphine, l'état de manque en particulier. On ne se tire jamais des griffes terribles de cette fausse amie qui endort la douleur mais ne la guérit pas.

Je sortis du cabinet, totalement soulagée, en paix, en joie. Une nouvelle vie commençait. Enfin, je le croyais… Elle n'allait pas être de tout repos. Je revis le docteur Fumery quelques jours plus tard pour un second contrôle. Au détour de la conversation il me fit cette proposition :

— Il faut que l'on fasse un dossier.

— Un dossier pour quoi ?

— Pour lancer une enquête sur votre cas de guérison.

— Auprès de qui ?

— Du Bureau des constatations médicales de Lourdes.

Lourdes. À chaque fois que j'entendais le nom de cette ville au pied des Pyrénées, c'était comme une décharge électrique. Je revoyais la grotte, le cortège des malades, la procession du saint sacrement, ce pèlerinage intense que j'avais eu la chance de vivre. Jamais je n'avais entendu parler de ce « bureau des constatations médicales ». Ou peut-être comme cela, en passant, mais sans rien de précis. À quoi pouvait ressembler ce lieu unique sur la terre, je n'en avais pas la moindre idée. J'apprendrais que tous les cas de guérisons inexpliqués y sont déposés et passés à la moulinette médicale. C'était le nouveau « traitement » qui m'attendait. Je n'imaginais pas qu'il serait aussi exigeant.

De toute façon, je ne pouvais pas prendre une telle décision seule. Il fallait que ma supérieure soit d'accord, ainsi que l'évêque de Beauvais car nous entrions également dans une procédure ecclésiale très cadrée qui ne laisserait rien au hasard.

Il n'y eut pas d'objection du côté de ma congrégation, qui m'encourageait à vivre cette démarche en accord avec l'évêque, à préparer ce dossier médical et à le déposer au fameux bureau de Lourdes dont j'allais devenir familière.

Quant à l'évêque de Beauvais, le rendez-vous fut pris pour le mois de septembre suivant. Un évêque dans l'Église catholique c'est à la fois un père et un préfet. Père, c'est celui à qui le pape confie la charge des chrétiens à l'échelle d'un diocèse, grosso modo un département en France. C'est ce pasteur qui donne le ton. Il veille à ce que la foi catholique soit correctement vécue, enseignée et transmise. Il soutient ses prêtres, les communautés religieuses, les séminaristes s'il en a, et les laïcs. Voilà pour le père. Mais il administre aussi, nomme les prêtres dans leur charge, gère les finances, assure le contact avec Rome, c'est son côté préfet. Bien sûr, dans l'Église catholique, l'administration vient loin derrière la pastorale. L'évangélisation et l'action sur le terrain sont toujours premières. Cela dit, l'évêque représente l'autorité catholique dans le diocèse, c'est à lui que l'on se réfère et c'est lui qui décide.

À l'époque, en 2008, l'évêque de Beauvais était Mgr Jean-Paul James. Il est aujourd'hui évêque de Nantes. Il a été remplacé depuis par Mgr Jacques Benoît-Gonnin dont on reparlera. C'est ce dernier qui a eu la responsabilité, une fois l'analyse médicale de ma guérison établie, de décider si ce phénomène inexpliqué par la science était attribuable à Dieu ou pas.

En me garant sur le parking de l'évêché, je n'en mène pas large. C'est la première fois de ma vie que je mets les pieds dans son bureau. En général, on ne vient voir l'évêque que pour des affaires importantes. La mienne doit l'être puisque j'ai rendez-vous avec lui. Je suis encore dans la suite de cet émerveillement et je me demande toujours pourquoi moi ? Et donc, ce que je fais là… Il y a eu le mois d'août mais ceux qui ont vécu un événement très marquant dans leur vie savent qu'il faut beaucoup de temps pour se faire à cette nouvelle vie. Dans mon cas, elle était et demeure évidemment heureuse. Je suis une religieuse aguerrie mais ce jour-là je me sens comme une jeune débutante.

Je n'arrive pas les mains vides devant « Monseigneur » que l'on appelle plus familièrement le « Père évêque ». En ancienne infirmière, j'ai conservé avec moi les éléments de mon lourd dossier médical, ce qui est précieux aujourd'hui car cela permet d'instruire toutes les terribles étapes de ma maladie passée et de montrer d'où je viens réellement. Je sais aussi qu'une des charges de l'évêque est le « discernement ». Ce n'est pas un vain mot dans l'Église catholique. Cet homme de foi qui a rang d'apôtre du Christ a le charisme de détecter les impostures dans le domaine de la spiritualité. Pas évident… Mais l'Église croit en l'action de l'Esprit Saint qui assiste tout baptisé, *a fortiori* un évêque, à discerner ce qui vient de Dieu ou pas.

Mgr James est breton d'origine. Avant d'entrer dans les ordres, ce diplômé d'économie a fait l'École nationale de la statistique, une formation réputée qui aurait pu le conduire à une belle carrière dans la vie civile. Cet homme, comme beaucoup d'autres, a préféré tout donner pour le Christ et pour l'Église. Après son séminaire il a complété sa formation en théologie morale à l'université de la Grégorienne à Rome. C'est un homme affable, souriant, proche mais c'est aussi une « tête » comme l'on dit. On ne lui raconte pas d'histoires. Je ne viens pas lui raconter d'histoires.

Nous parlons longuement. Je lui dis tout. Il y a quelque chose que l'on comprend souvent mal de l'extérieur de l'Église : la hiérarchie donne l'impression d'une armée en bon ordre avec des prêtres qui obéiraient aux évêques qui obéissent eux-mêmes au pape, et des religieuses, dernières roues du carrosse, qui obéiraient aux prêtres. Bref une chaîne de décision sans faille qui serait fondée sur l'obéissance. C'est vrai que nous pratiquons l'obéissance mais ce n'est pas celle d'un régime militaire. C'est une obéissance qui vise à cultiver l'abandon au Christ. Ce n'est pas une soumission aveugle et imbécile. C'est une soumission amoureuse à la volonté de Dieu. Et cela se passe dans une ambiance fraternelle et non dans un climat d'autoritarisme.

Là aussi, le mot « fraternel » fait sourire mais il est vrai dans l'Église. Il y a des jalousies, des ambitions mais il y a par-dessus tout une sorte de vie de famille, avec des gens que l'on n'a pas choisis mais que l'on considère comme des frères et des sœurs. En discutant avec mon Père évêque, je parle à un père dans la foi, c'est vrai, mais aussi avec un frère qui est mon égal et avec qui je peux partager les merveilles de ce que j'ai vécu sans qu'il me toise ou qu'il me juge. Bien sûr il va exercer son discernement mais ce n'est pas un jugement sur ma personne. Il me considère telle que je suis. Ce qu'il va jauger ce sont les faits du phénomène dont j'ai été l'objet. Il va les considérer comme un scientifique, rationnellement, un à un, pour chercher à objectiver au mieux ma situation puis il va les revoir à la lumière de la foi. On se trompe vraiment sur l'Église en pensant qu'elle n'utilise pas son cerveau et qu'elle verrait tout dans la foi. La raison va avec la foi. La raison n'enlève rien à la foi. La foi n'enlève rien à la raison.

Vous allez voir que dans mon histoire de foi c'est plutôt la raison qui va dominer et l'emporter ! Dans le milieu médical, c'est une évidence, mais aussi dans l'Église qui est très réticente face à ce genre de phénomènes. À un point que je n'imaginais pas.

Pour vous faire une autre confidence, je pensais à ce moment-là et au fond de moi que jamais ma guérison ne pourrait être reconnue comme un miracle. Trop d'épreuves, trop d'étapes, trop de contrôles et de contre-examens.

Le premier se déroulait sous mes yeux. Mgr James se souvenait très bien de ce pèlerinage diocésain. Il disait qu'il avait été impressionné par la ferveur des participants. Il était ravi de ce qui m'était arrivé et n'avait pas l'ombre d'un doute sur le fait de ma guérison mais il pensa nécessaire de prendre du recul dans un premier temps. Une prudence qui n'était pas chez lui un manque de foi mais le besoin d'éprouver la chose sur la durée.

— Tant que cela n'est pas vérifié et pas officiel, on n'en parle pas.

— Bien, Monseigneur.

— Vous comprenez qu'une certaine discrétion s'impose… Cela ne vous empêche pas de rendre grâce !

— J'y veillerai, merci.

Le silence, la durée, oui, je les acceptais sans imaginer que cela prendrait une dizaine d'années ! Quel contraste entre cette lenteur et l'instantanéité de la guérison. Mais il est vrai qu'avec quatre décennies de maladie, je revenais de loin, de très loin. Oui, je rendais grâce à Dieu !

Et puis, c'est vrai, je ne vous l'ai pas encore dit mais je ne veux rien vous cacher : j'avais déjà vécu une sorte de rémission de la maladie à une autre époque de ma vie. Ce qui explique la prudence et le « recul » de ma supérieure dans ma congrégation religieuse. Au fond, se disait-on, attendons car cela pourrait n'être qu'un phénomène passager, la maladie pourrait reprendre…

J'y pensais, moi aussi. Je gambadais, je n'avais plus une seule douleur, j'étais même en pleine forme pour mon âge, mais je vivais un peu avec une épée de Damoclès sur la tête en me disant que tout pourrait reprendre un jour. Ce sentiment n'était pas un manque de foi. C'était humain. Bêtement humain. Le fait d'être religieuse n'enlève rien à votre nature humaine.

Vous qui me lisez et qui êtes persuadés de la supériorité de l'esprit sur le corps et, pour les chrétiens, de la force de l'Esprit Saint sur notre intime corporel, vous allez être particulièrement intéressés par cet épisode de ma vie. Et ceux qui ne croient pas et qui me font l'honneur de me lire vous le serez aussi, du moins je l'espère.

Comment cette rémission s'était-elle produite ? Cela remonte aux années 90. Des épreuves familiales avaient imposé la nécessité pour moi de revenir quelque temps pour aider ma famille qui en avait ponctuellement besoin. La vie religieuse le permet. J'avais donc obtenu une permission d'absence de ma congrégation religieuse. Loin de ma communauté, j'avais toutefois besoin d'un soutien spirituel pour tenir le coup. C'est ainsi que je me suis rapprochée des groupes de prières charismatiques.

Il y en a dans la plupart des paroisses. Les gens, le plus souvent des laïcs, viennent prier ensemble, une fois par semaine, à la manière pentecôtiste protestante dirait-on. On invoque l'Esprit Saint, on loue le Seigneur sur un mode positif pour tous les biens qu'Il nous accorde. On lui confie nos peines. On prie les uns pour les autres. On partage ses joies et ses difficultés. Ce sont des petits groupes très fraternels, sans façons. Le modèle ce sont les premières communautés chrétiennes. Du reste beaucoup de charismatiques ont retrouvé ce que l'Église avait perdu depuis longtemps : la pratique des charismes, qui a été très bien décrite dans les Actes des Apôtres.

Rassurez-vous, je ne vais pas vous faire un cours de théologie, ce n'est pas mon fort, mais je dois témoigner de tout. Dans plusieurs communautés charismatiques, on pratique « le chant en langues » que personne ne peut comprendre mais qui parlent à certains. Dans ces groupes, plusieurs ont le don du discernement, d'autres celui de prophéties. Certains ont le charisme de… guérison !

Vous allez commencer à penser que je suis un cas ! Pas du tout car j'ai les pieds sur terre, merci donc de continuer la lecture. Les choses se sont passées ainsi.

C'était en 1996, donc douze ans avant le pèlerinage décisif de Lourdes. J'approchais de la soixantaine et c'était une période difficile pour moi. Je souffrais énormément à l'époque et le groupe avait organisé une prière spéciale pour les malades où je me suis présentée. J'ai alors connu ce que l'on appelle « le repos dans l'Esprit ». Quelqu'un qui a ce charisme de guérison prie spécialement pour vous, soutenu par la prière des autres, et à un moment donné, vous tombez littéralement dans les pommes ! Le cirage, complet… Ce n'est pas volontaire mais c'est irrésistible, vous vous endormez doucement, sûrement mais très profondément dans un sommeil. On appelle cela « le repos dans l'Esprit ». Il est pour le moins très réparateur puisqu'au réveil après quelques minutes, cela ne dure pas très longtemps, vous êtes mieux, beaucoup mieux à tout point de vue.

Je me suis réveillée considérablement mieux. Au point que j'ai pu alléger mon traitement et revenir à une vie quasi normale. Je me croyais guérie, j'étais certes beaucoup moins atteinte par la maladie qu'avant le pèlerinage de Lourdes, mais ce fut une étape extraordinaire car j'ai cru que je pourrais enfin m'en sortir.

Ce temps où, par obligation familiale, je m'étais trouvée loin de ma congrégation avait aussi pris les contours d'une période charnière. J'avais besoin de me réorienter. J'avais un choix à poser. Une période de discernement commençait. Je percevais cette opportunité comme un signe. Et peut-être comme la possibilité de réaliser le rêve de ma vie…

Ce rêve n'était pas de quitter la vie religieuse, bien au contraire, mais de l'approfondir. Mon désir le plus grand était de devenir une moniale cloîtrée, toute dédiée à la prière et à la vie contemplative. J'avais même une idée de la congrégation où je souhaitais entrer : les clarisses ! Un petit mot pour ceux qui ne connaissent pas bien les familles religieuses. L'Église, de ce point de vue, c'est un peu comme le jeu des sept familles, mais il y a au moins sept fois soixante-dix-sept familles religieuses ! Et même plus encore. Car ce n'est pas la hiérarchie qui décide de créer telle ou telle nouvelle branche mais des fondateurs ou des fondatrices qui ont l'intuition de créer un nouvel ordre. Ils ne font pas de publicité mais leur rayonnement spirituel et humain est tel qu'ils attirent des jeunes et des moins jeunes qui veulent vivre le même idéal.

L'histoire de l'Église fourmille d'exemples. Saint Bernard de Clairvaux qui a fondé les cisterciens connus également sous le nom de trappistes. Saint Ignace de Loyola qui a fondé les jésuites. Saint François d'Assise qui a lancé les franciscains, dont je suis membre. Son amie, sainte Claire d'Assise qui a fondé les clarisses.

En désirant passer d'une congrégation apostolique, c'est-à-dire engagée dans le monde, dans la vie civile, à une congrégation contemplative, retirée du monde et toute consacrée à la prière, je changeais simplement de registre. Et je n'étais pas infidèle à mon cher saint François d'Assise puisque avec sainte Claire je restais dans sa grande famille mais d'une autre manière. Je savais que saint François comprendrait le désir profond de mon cœur de pouvoir prier davantage et qu'il me pardonnerait…

De fait, quand j'ai exposé mon projet à ma congrégation, les franciscaines oblates du Sacré-Cœur de Jésus, l'une des multiples familles religieuses des franciscaines – en France, il y en a vingt-sept –, on m'a accordé une autorisation pour mener cette expérience. La vie religieuse n'a pas la rigidité apparente qu'elle donne. Si certains vivent leur trajectoire en ligne droite, d'autres ont besoin d'évoluer et les supérieurs sont plutôt bienveillants. À condition que cela ne soit pas un coup de tête et qu'il y ait une cohérence d'engagement religieux. Ce qui explique la nécessité de tenter une période d'essai avant de prendre une autre voie.

À près de soixante ans et en meilleure forme me voilà donc repartie pour une nouvelle étape dans une magnifique communauté de clarisses à Paray-le-Monial où je suis admise comme… postulante ! Après un stage, je prends l'habit de clarisse, ce qui signifie une entrée symbolique dans l'ordre. Le vêtement étant toujours un signe important d'appartenance dans l'Église. Une vie nouvelle commence, rythmée par les offices du jour et de la nuit, une grande pauvreté aussi.

Mais un triste matin le corps se réveilla. Il m'indiquait que le mieux que j'avais ressenti était un passage et que le mal est toujours là, tapi dans cette affection des terminaisons nerveuses en bas de la colonne vertébrale. Je comprends tout de suite que je ne serai jamais tranquille avec la maladie. Cela reprend, presque de plus belle, sans concession après cette année de rémission. Au-delà des douleurs qui reviennent au galop je dois affronter une autre déconvenue…

Avec un tel handicap, je ne suis pas à même de suivre le rythme exigeant des clarisses où il faut être en bonne santé. Non pas que les clarisses plus âgées ou malades soient rejetées, loin de là, elles sont chouchoutées, mais un monastère ne peut admettre quelqu'un qui ne peut pas suivre la vie et la règle sinon il deviendrait un poids en place d'être une pierre vivante de l'édifice.

Le coup est terrible. La désillusion aussi. Je retrouve tous mes symptômes. Je suis le plus souvent allongée. On a beau avoir voué sa vie à Jésus, il y a des suites de circonstances que l'on ne comprend pas… Il faut accepter, c'est vrai, mais cela ne va pas de soi. Je croyais être guérie, je ne le suis pas du tout.

En écrivant ces lignes, je pense à tant de malades du cancer. Ce livre est aussi pour eux et pour tous les autres, quelle que soit leur maladie. À chaque mot couché sur le papier je prie pour eux, pour qu'ils ne se découragent jamais. Même si le pronostic est maussade, toujours espérer, oui, toujours ! J'y reviendrai en fin d'ouvrage. Ce pourrait être le titre : « toujours espérer » !

Retour donc à la case départ. Je retrouve mes sœurs franciscaines. Ne croyez pas en effet que la vie de religieuse ou de consacrée soit un long fleuve tranquille. Comme dans un couple ou comme dans le célibat nous avons, nous aussi, nos crises, nos doutes. L'engagement, les vœux définitifs ne sont pas une assurance tous risques qui nous protégerait des errances et des chocs de la vie, de l'accroissement sans concession de la souffrance aiguë. Je n'étais pas la seule dans ce cas. Je ne pouvais pas me plaindre puisque je n'avais pas de charge familiale. Mais je sentais que j'étais un poids pour mes sœurs de communauté. Tous ceux qui vivent un handicap comprendront immédiatement ce que je veux dire ici. C'est une souffrance de souffrir. C'est une souffrance de dépendre des autres. C'est une souffrance de se penser inutile. Surtout dans un ordre religieux plutôt actif comme le mien.

Il fallait aussi que je me recharge spirituellement. La vie de prière, contrairement à l'apparence des rituels et des horaires bien précis d'un ordre religieux, est une vie au sens propre du terme. Elle a ses hauts et ses bas. Et Dieu se fait parfois discret ou se rend comme absent. C'est d'ailleurs un signe de bonne santé religieuse…

Cette rémission et cette rechute étaient connues de toutes mes sœurs dans la congrégation et des membres de ma famille. Elles étaient aussi consignées, et inscrites noir sur blanc dans mon dossier médical. Elles invitaient donc tous, à commencer par moi-même, à la plus grande prudence à la discrétion, au silence. Cette « guérison » à Lourdes pouvait être une nouvelle rémission. Il fallait donc attendre, mettre cette joie à l'épreuve de cette éventuelle épée de Damoclès. Il fallait aussi que les examens médicaux qui allaient venir soient d'une rigueur à toute épreuve. Pas question en effet de se laisser impressionner par un mieux si le mal pouvait ressortir de sa boîte et se remettre à son œuvre de destruction.

Chapitre III
Le miracle

Toujours espérer mais sans illusion. Il fallait prendre le taureau de la science médicale par les cornes pour prouver que ma guérison en était une, qu'elle était définitive et que la science médicale ne pouvait l'expliquer en l'état de ses connaissances. Vaste programme ! Drôle de diagnostic : on ne demandait plus aux médecins une guérison mais ils devaient dire en quoi ils n'étaient pour rien dans la guérison. Le monde à l'envers !

Cet examen médical rétrospectif avait donc commencé un beau matin de juillet 2008 dans le cabinet du docteur Fumery. Il m'avait alors renvoyée au Centre antidouleurs de Nantes où j'étais régulièrement suivie. Il fallait un point de départ « objectif » et complémentaire de l'examen de mon généraliste. Il fallait que les spécialistes qui m'accompagnaient là depuis des années constatent, eux aussi, la spectaculaire évolution.

Cet établissement avait deux visages pour moi. On y mesurait l'évolution du mal et de la douleur pour adapter le traitement de morphine en particulier, c'était le bon côté de la pièce, le soulagement de la douleur. Mais on constatait aussi, c'était le côté sombre de la pièce, l'impitoyable évolution de la maladie. Combien de fois étais-je sortie déprimée de ce centre antidouleurs pourtant destiné à soulager ? Et particulièrement lors des dernières visites de 2002, où la maladie accélérait sa course et qu'une nouvelle opération avait même été envisagée, puis déclarée inutile, tant l'issue était inexorable.

Me trouver donc libre de mes mouvements, presque galopante, devant la porte de ce bâtiment, sans peine aucune, me procura une puissante sensation de joie même si, croyez-moi, je n'oublie jamais ceux qui entrent là sur un lit de douleurs. Pour eux, je prie sans cesse. Cette joie profonde n'avait rien d'un sentiment de victoire, car si je m'étais battue contre la maladie, la guérison m'avait été donnée, comme une pure grâce.

J'avais rendez-vous avec le médecin qui me suivait dans le centre. Il me connaissait comme religieuse mais nous n'avions jamais parlé de religion. Il était très attentif à mon cas car il savait que mon diagnostic était très sombre, sans rémission possible et appelé à la dégradation. C'était un homme très sérieux, scientifique, un professionnel de la médecine. Il était très humain mais ne montrait pas ses sentiments. Notre rendez-vous fut néanmoins cocasse.

Tellement marquée par le contraste entre ma nouvelle vie et le retour dans ce lieu où tout me rappelait ma maladie et ma guérison, je fus prise d'un enthousiasme irrépressible quand il me fit entrer dans son bureau. Avant même qu'il n'ait ouvert la bouche, je n'ai pas pu me retenir :

— Merci, docteur, je viens vraiment vous remercier, mais je n'ai plus besoin de vous !

— Je le vois…

— Laissez-moi vous raconter.

L'homme de science était saisi. Une petite sœur lui décrivait une guérison absolument… incroyable. Impossible même, il le savait mieux que quiconque puisqu'il me suivait depuis si longtemps. Après mon récit il est resté un temps silencieux. Et puis il s'est levé. Il m'a saluée, dubitatif sur la cause de ma guérison mais ne pouvant pas remettre en cause le fait de l'amélioration subite.

Ensuite ce fut la rencontre avec mon rhumatologue, qui fut également stupéfait. Son regard ne pouvait toutefois pas cacher sa joie de voir une de ses fidèles patientes totalement soulagée. La lettre que le docteur Christophe Alliaume écrivit pour rendre compte de cette visite mérite d'être citée intégralement :

> « Je revois la Sœur Bernadette Moriau née en 1939 et je suis tout à fait étonné de ne plus constater aucun trouble si ce n'est bien sûr les cicatrices de ses multiples interventions chirurgicales sur le rachis. Les symptômes ont disparu de manière spectaculaire, quelques jours après un pèlerinage à Lourdes. Je ne peux que constater ce jour qu'elle peut marcher sur la pointe des pieds et les talons, que nous obtenons une antéflexion complète du rachis et une mobilisation indolore. L'examen des genoux, siège d'une arthrose, est sensiblement normal. Nous constatons juste une petite déficience sur la qualité de la musculature et qui nécessitera la poursuite du travail en kinésithérapie régulièrement.
>
> Le dossier de cette patiente est conséquent sur les séquelles de sa pathologie rachidienne. Elle est

même porteuse d'un stimulateur implantable, a consommé de nombreux traitements médicamenteux puissants, a consulté un centre antidouleurs, marché de manière prolongée avec un appareil anti-steppage… Les derniers examens complémentaires réalisés au niveau du rachis montraient des anomalies conséquentes.

Je ne peux donc que constater sans pouvoir donner d'explication mais avec satisfaction. J'arrête tout traitement en dehors de la kinésithérapie, les injections de produits viscoélastiques notamment, prévues en regard des genoux, sont annulées. »

Quant au kiné, Franck, que je devais voir dans la foulée et qui me suivait à Nantes depuis les années 2000, il a été totalement sidéré. Cela a commencé dès mon entrée dans son cabinet :

— Mais qu'est-ce que vous avez fait !

— Je suis allée à Lourdes.

— À Lourdes ?

— Oui, je reviens de Lourdes et je n'ai plus rien…

Il était fou de joie pour moi. Et moi très émue. À lire son rapport décrivant la situation antérieure à ma guérison on peut comprendre pourquoi :

« Pied gauche : déficit sévère sur les releveurs du pied, avec un jambier antérieur coté à zéro, un extenseur commun des orteils coté à zéro et un extenseur propre du gros orteil qui présentait seulement quelque trace d'activité… Le pied gauche était en attitude spontanée d'inversion quasi complète, très difficile à mobiliser avec des orteils relativement souples.

Rachis en entier : contractures parvertébrales sur tout le long du rachis avec douleurs diffuses quasi constantes majorées en lombaire (irradiations sciatiques et crurales régulières) et sur les trapèzes. »

Il décrit ensuite dans un langage très technique le traitement qu'il appliquait. Et termine par cette phrase : « Très heureux pour vous de ce nouvel état de santé. » Signé Franck Becigneul.

Comprenez-moi bien. En écrivant ces lignes je ne pratique pas je ne sais quel exhibitionnisme médical. Cela n'aurait aucun sens. Ce serait d'ailleurs aux antipodes de qui je suis profondément. Mais ces examens de contrôle passés à Nantes où j'étais suivie et soignée depuis des années par ces mêmes médecins ont été la première vérification scientifique, dirais-je – sans mépris aucun pour le docteur Fumery, mon généraliste – du constat de ma guérison. Je m'entends encore dire, en sortant du centre antidouleurs de Nantes : « Adieu, centre antidouleurs ! » De fait je n'y retournerai plus jamais.

C'est à Lourdes en revanche que je retournerai assidûment désormais. À la grotte bien sûr, pour y prier mais aussi au Bureau des constatations médicales dont je deviendrai une habituée, année après année, jusqu'à la reconnaissance du miracle, sous la conduite d'un autre médecin exceptionnel, le docteur Alessandro de Franciscis. Pédiatre de formation, Italien passé par Harvard, très sympathique, il n'en est pas moins exigeant. Toujours tiré à quatre épingles, ce polyglotte que l'Église a choisi pour tenir ce bureau unique au monde est également très pointilleux dans la tenue de ses dossiers médicaux. Seuls les médecins et le personnel médical ont le droit de siéger dans ce bureau. Ce qui veut dire qu'aucun évêque ou prêtre n'y est admis.

On le comprend car viennent déposer ici chaque année d'anciens malades qui estiment avoir été guéris par l'intercession de la Vierge de Lourdes. Il les reçoit, enregistre leur déposition, ouvre un dossier sur chacun et accumule les éléments médicaux, avant et après le phénomène. Mais surtout, il trie collégialement les dépositions sur un mode original à travers lequel je suis passée et que je vais à présent vous expliquer. Ce qui veut dire qu'il y a beaucoup de déperdition, si je puis dire, dans les miracles.

En effet, beaucoup de ces « guérisons » n'iront pas plus loin, notamment pour les cancers car les traitements antérieurs subis par le patient peuvent toujours expliquer une amélioration, même à Lourdes. Dans le doute, l'Église enregistre les constats de guérisons mais elle ne poursuivra pas l'examen car elle retient seulement les cas où la science ne peut pas expliquer le retour à la santé. Ce qui forme un entonnoir étroit.

Au fil du temps, le Bureau médical de Lourdes a mis au point sept critères de de reconnaissance de « guérison extraordinaire » qui est le terme retenu si le cas correspond à ces sept exigences :

1. Que la maladie soit grave et impossible ou difficile à guérir ;
2. que la maladie dont on guérit ne soit pas arrivée à son dernier stade, de telle façon que, peu après, elle aurait dû décliner ;
3. que des médicaments n'aient pas été pris ou qu'ils se soient avérés inefficaces ;
4. que la guérison soit soudaine et instantanée ;
5. que la guérison soit parfaite ;

6. qu'elle ne soit précédée ni d'une évacuation notable, ni d'une crise ;

7. enfin que la maladie effacée ne revienne pas.

Cent dossiers de guérisons en moyenne sont déposés chaque année à Lourdes mais une trentaine seulement est retenue. Et parmi eux, quelques-uns seulement sont reconnus comme des miracles. Ainsi, sur 7400 dossiers de guérisons inexpliquées – effectivement enregistrées au Bureau des constatations médicales de Lourdes en cent trente-cinq ans depuis les apparitions de la Vierge –, j'ai l'honneur d'être le 70e miracle reconnu. Je ne suis pas forte en calcul mais cela fait à peine 1 % !

Et encore, toutes les personnes concernées ne font pas forcément une déclaration. Souvent, si elles sont venues seules et non dans un pèlerinage diocésain, elles ne savent pas qu'elles peuvent déclarer leur guérison. D'autres, le sachant, préfèrent la discrétion. En attendant je ne pouvais pas imaginer un tel écrémage. Ni soupçonner à quel point l'Église était sourcilleuse sur l'authenticité médicale et scientifique des phénomènes.

C'est dire ce qui m'attendait à présent. Passer de Nantes à Lourdes n'allait être ni simple ni facile. D'autant que je n'entrais pas dans ce processus de reconnaissance de moi-même. Le docteur Fumery qui connaissait Lourdes beaucoup mieux que moi m'avait mise sur la voie. Mgr James avait confirmé la nécessité de déposer un dossier au Bureau des constatations médicales de Lourdes. Religieuse, j'ai obéi. Mais au fond de moi, je le répète, j'étais persuadée que cette guérison ne serait jamais reconnue comme un miracle… J'étais convaincue que l'on n'y arriverait jamais.

Et pourtant j'étais vraiment guérie ! Tout cela s'était passé trois jours après être rentrée d'un pèlerinage à Lourdes. Et ce pèlerinage avait été un nouveau point de départ dans ma vie. Une résurrection, je peux le dire. Commençait à présent un autre genre de pèlerinage, médical et spirituel. Non plus pour guérir mais pour vérifier le… miracle de guérir !

La première épreuve fut un amphi. Vous vous retrouvez un beau jour devant une centaine de médecins et d'infirmières. Cet aréopage est réuni dans l'amphithéâtre des sanctuaires de Lourdes par le Bureau des constatations médicales. Vous n'êtes pas une bête curieuse mais presque ! Voilà votre vie scannée de A à Z, vos antécédents familiaux, votre dossier médical, projeté sur écran géant, devant ce staff médical qui prend des notes, questionne. Vous donnez votre témoignage cependant il ne s'agit plus de parler en croyante mais en patiente.

Heureusement, je suis infirmière de formation et je n'étais pas paumée. Mais quelle trouille – excusez-moi de ce mot familier mais je n'en trouve pas d'autre. C'était en juillet 2009, le docteur Fumery m'accompagnait pour présenter ce dossier. Nous étions devant la porte de la grande salle.

— Mais qu'est-ce que vous avez, ma sœur, cela ne va pas ?

— J'ai la trouille, docteur !

— Restez vous-même, tout se passera bien.

Je n'ai jamais oublié ce conseil et je l'ai toujours appliqué au fil des multiples réunions qui allaient suivre. En attendant je faisais face à ce groupe de professionnels de la santé que le docteur de Franciscis avait sollicité pour passer mon cas au tamis et décider, par vote à la majorité des deux tiers, si mon dossier en resterait là ou s'il passait à l'étape supérieure. Celle du Comité médical international de Lourdes, groupe plus restreint, chargé non plus en une réunion mais sur des années de tout vérifier avec l'aide, notamment, de spécialistes extérieurs.

Après deux heures de rencontre, j'ai entendu, comme pour la fin d'un grand oral ou une audience de tribunal mais sans avocat, le vote positif de la salle… Mon cas passait à l'étape suivante.

Cet amphithéâtre médical n'était pas une agora. Chacune et chacun était tenu au secret professionnel le plus strict. Mais je venais de franchir une étape psychologique dérangeante. Une sorte de naissance. Je me désappropriais de moi-même. Pour une religieuse, j'étais habituée à ce passage constant de l'ego à l'Autre et à l'autre, toujours considérés comme plus importants que soi. Je ne connaissais cependant pas l'expérience de devoir livrer, au fond, ses secrets à un large public. Je ne pensais pas que cela irait aussi loin. Je compris beaucoup plus tard que le Seigneur m'attendait là aussi. Ce miracle n'était pas mon miracle. Cette guérison n'était pas ma guérison. C'était un signe de Dieu donné pour le monde. Je n'étais qu'un modeste instrument. Je devais apprendre à jouer cette partition.

J'étais un peu perdue. Jusque-là mon histoire n'était pas sortie des frontières sans la défense de ma congrégation, de ma paroisse, de ma famille. Personne ne m'avait jamais demandé de détails, sinon mon généraliste et les médecins du centre antidouleurs de Nantes. Jusque-là les rencontres très personnelles et intimes, touchant à la fois une maladie et la vie spirituelle, étaient de personne à personne, dans une petite pièce fermée. Comme le cénacle où s'étaient réfugiés les apôtres à Jérusalem avant que le souffle de la Pentecôte et de l'Esprit Saint ne les envoie sur les places publiques.

À la fin de ce premier amphi, j'étais évidemment heureuse mais épuisée, rabotée, laminée. Le docteur de Franciscis me remercia chaleureusement ainsi que l'assemblée : « J'ai toujours pensé que votre cas était sérieux, ma sœur. Nous allons continuer l'étude. » Un neuropsychiatre s'approcha de moi et me confia : « Ce qui s'est passé entre Dieu et vous, aucun scientifique ne pourra jamais l'expliquer. » Un médecin américain, frère franciscain de son état, me prit par le bras et me glissa : « Sachez-le, nous allons encore creuser. Nous constaterons peut-être un jour qu'en l'état actuel de la science nous ne pouvons pas expliquer ce qui vous est arrivé, mais nous serons bien obligés de constater que ce qui vous est arrivé vous est bien arrivé. Quant au mystère profond de tout cela, il nous échappera toujours à nous médecins. »

À moi aussi, ce mystère échappait et me dépassera toujours. Je suis sortie totalement vidée de la salle, mais dans un geste fraternel le docteur de Franciscis et le docteur Fumery m'ont embrassée et remerciée pour ma démarche car cela demande du courage. Ensuite, je me suis dirigée vers le Gave, la rivière me séparait de la grotte de Lourdes que je voyais de l'autre côté avec la statue de la Vierge, les cierges allumés, le flot de fidèles. Je me suis assise sous un arbre et, discrètement, j'ai pleuré. Pleuré de bonheur, d'appréhension aussi. Mes larmes à peine séchées, les eaux du Gave, elles, ne s'étaient pas calmées. Sur l'autre rive, la grotte de Lourdes et son mystère étaient là, immobiles, muets, toujours aussi paisibles et hors du temps. Je suis restée là, un long moment silencieux, couvert par le bruit de la rivière mais baigné d'une paix intense.

Des médecins, j'allais en voir un nombre certain à présent. Plus encore que quand j'étais malade, un comble ! Le Comité médical international de Lourdes statua en octobre 2009 sur mon cas et désigna un spécialiste référent chargé d'instruire mon dossier. Ce comité médical est composé de vingt-sept professeurs de médecine internationaux. Cette fois, on repartait de zéro. Ce n'était plus les médecins qui m'avaient suivie qui constataient mon amélioration nette. C'est un nouveau regard, totalement neuf, sans a priori, qui plongeait dans ma vie.

Le professeur Claude Kenesi avait été désigné. Il était chirurgien à Paris. Il a fait le déplacement à Bresles pour un nouvel examen clinique et pour un long entretien. Il a commandé de nouveaux examens, dont un scanner approfondi. Il m'a fait rassembler toutes les pièces médicales depuis le début, tous les détails. Rien n'était laissé au hasard. Ce professionnel très scrupuleux, passionné par son métier mais scientifique intransigeant, a ensuite rédigé son rapport à l'attention du CMIL (Comité médical international de Lourdes) qu'il est venu présenter en mon absence car les patients n'y sont jamais admis.

C'est alors qu'un autre coup de théâtre s'est produit, dramatique et assez incompréhensible. Le lendemain de la présentation de son rapport au comité médical international, le docteur Kenesi fut frappé d'un malaise alors qu'il conduisait sa voiture. Il mourut dans l'accident provoqué par un arrêt cardiaque.

Cet accident et sa mort me choquèrent beaucoup. Décidément, les voies de Dieu étaient impénétrables. Il y a des mystères dans la vie qui ne sont pas à notre portée. Il me restait à prier pour cet homme dont je ne savais pas grand-chose mais qui avait fait preuve d'un grand professionnalisme médical. Tôt ou tard, il faudrait tout recommencer avec un autre spécialiste selon la stricte procédure prévue.

De fait, on me mit très vite dans les mains du professeur Claude Labrousse de Limoges. Longs entretiens, nouveaux examens complémentaires. Il ne fallait rien reprendre, par méthodologie, de ce que son prédécesseur avait conclu. Il fallait repartir de zéro pour optimiser la rigueur de l'approche.

En juin 2011, ce fut le tour des psychiatres. Il ne suffisait pas de constater une amélioration inexpliquée d'une maladie chronique et irrémédiable affectant mon corps, il fallait aussi vérifier, selon le protocole du Bureau médical de Lourdes, si tout tournait bien rond dans ma tête…

Deux psychiatres avaient été désignés, le professeur Marie-Christine Mouren de Paris et le professeur Jean-Philippe Boulenger de Montpellier. Je leur racontai une nouvelle fois l'ensemble de mon histoire.

Mais l'interrogatoire fut très poussé. Est-ce qu'il n'y avait pas des phénomènes psychosomatiques ? Est-ce que je n'avais pas eu des hallucinations, des visions ? Et… même des lévitations ? « Mais non, professeurs, je vous assure, je n'ai jamais quitté le plancher des vaches ! »

Est-ce que j'étais bien mentalement ? Il fallut repasser toute ma vie, tous ces moments de souffrances morales, psychologiques et physiques, que tout être humain traverse un jour ou l'autre. Tout revisiter, ces couloirs de notre mémoire que l'on a abandonnés depuis longtemps, ces recoins que l'on pensait colmatés par le temps et qui sont toujours là.

Ces deux spécialistes, très à l'écoute, n'ont jamais essayé de me piéger mais ce fut une épreuve de devoir vérifier si tout fonctionnait bien dans ma tête. À force de creuser et de se poser mille questions on finit par se demander si tout va vraiment pour le mieux… En fait ils cherchaient à vérifier si le phénomène dont j'avais été l'objet était bien physique et non d'ordre psychologique.

Cette analyse fut si éprouvante que parfois je m'arrêtais et demandais à mon Créateur : « Mais est-ce que c'est bien vrai Seigneur, tout cela, dis-moi… » Je ne doutais pas de Lui mais je finissais par douter de moi ! C'est bête mais c'est vrai. Je vous le dis en toute simplicité.

En même temps, je veux saluer ici et remercier tous les médecins qui ont eu à statuer sur mon cas. Tous ont cherché à comprendre, à décortiquer, à analyser. Chacun, avec raison, voulait avoir sa propre version. Ce fut parfois humiliant d'être livrée à la science comme un objet d'étude, mais je tiens toutefois à souligner leur professionnalisme et leur immense respect. Ils allaient aussi loin que possible dans leur investigation tout en sachant qu'ils buteraient à un moment donné sur un os, si j'ose dire… Au-delà d'un certain stade, il n'y avait effectivement pas d'explication.

Les mois passaient. Je pensais être enfin tranquille quand le docteur Alessandro de Franciscis, président du Bureau des constatations médicales de Lourdes, me convoqua. C'était l'été 2013, il avait organisé un deuxième grand amphi à Lourdes avec de nouveaux médecins pour rebattre à nouveau les cartes et soumettre mon cas à des regards et questionnements neufs.

Nouveau déballage… J'étais un peu lasse mais je commençais à m'habituer. Je me disais surtout que si le Seigneur m'avait donné une telle grâce ce n'était sûrement pas pour que je la garde pour moi toute seule. Il me fallait témoigner. Et cela commençait – étape paradoxale mais *sine qua non* pour l'Église – par un parterre de blouses blanches et non de cols romains !

Lors de ce nouveau comité médical qui visait à faire le point général sur l'ensemble du dossier, il y eut un débat entre les médecins présents. Ils jugèrent qu'il fallait poursuivre la procédure jusqu'à la reconnaissance de la guérison extraordinaire.

En juillet 2016, les choses s'accélérèrent. Il y eut un troisième amphi médical estival à Lourdes avec des nouveaux médecins qui ne se passa pas comme sur des roulettes. Même si les médecins votèrent la guérison à mains levées selon les sept critères de Lambertini, deux chirurgiens présents relancèrent le débat sur le fait que l'on ne pouvait pas guérir de la maladie dont j'avais été affectée, confirmant le caractère inexplicable de la maladie, ils n'avaient jamais vu revenir aucun patient leur dire qu'ils étaient guéris.

En septembre 2016 on me confia donc à un nouveau professeur pour creuser encore cette objection. Il était de Marseille cette fois. Jean Pouget était son nom. Il reprit pour la troisième fois mon dossier médical et celui de ma « guérison supposée ». Je le rencontrai longuement. On recommençait de zéro. Très sérieux, il ne montrait aucun sentiment, mais fut très accueillant.

Quelque temps plus tard, une nouvelle objection surgit. Un neurochirurgien de passage au bureau médical consulta mon dossier. Il assura qu'il manquait un examen pour bien vérifier l'authenticité de mon retour à la santé.

Il n'y avait aucun problème, de mon côté. On était en octobre 2016. On procéda effectivement à un électromyogramme de vérification qui consiste, pour simplifier, à mesurer la réactivité des conductions nerveuses et, de nouveau, à un scanner.

Je n'étais pas accrochée à une « guérison » qu'il aurait fallu à tout prix prouver. Du reste le vocabulaire du Bureau médical restait prudent, il avait parlé de « guérison supposée » jusqu'en juillet 2016. Et c'était bien ainsi. Personnellement, je n'avais plus aucun doute sur mon état de santé. Cela faisait huit ans que ma vie avait changé et aucun signe contraire ne s'était manifesté. Si le processus de reconnaissance de miracle avait dû s'arrêter, j'aurais perçu cela comme une libération personnelle, je n'étais pas attachée à cela. Rien ne m'appartenait à vrai dire. Le Seigneur, à Lourdes, ne m'avait-Il pas demandé de tout lui donner ? C'était fait. Et sans retour.

Et, de fait, on trouva une trace de la maladie ! Il restait bien un petit quelque chose. Je n'étais donc pas complètement guérie…

Je téléphonai aussitôt au docteur Fumery :

— Docteur, ils ont trouvé quelque chose, une trace, je ne suis pas totalement guérie. Ce n'est pas la peine que je fasse le scanner prévu demain. S'il le faut j'arrête tout, si je ne suis pas totalement guérie, je ne suis pas guérie.

L'electromyogramme avait effectivement retrouvé l'absence de conduction nerveuse au niveau du pied, stigmate des lésions antérieures à la guérison.

— Attendez, pas si vite. Je réfléchis et j'appelle tout de suite de Franciscis à Lourdes.

À Lourdes, le docteur de Franciscis fut presque soulagé de ce contretemps. Non qu'il ne crût pas à ma guérison, mais il savait que ni le monde de la médecine ni le monde des miracles n'étaient des univers parfaits. Une imperfection au contraire était rassurante quant à la réalité et la vérité de ce qui m'était arrivé. D'autant que l'on comprendrait ensuite le pourquoi possible de cette anomalie. « Tant mieux, répondit-il au docteur Fumery, c'est très bien comme cela, il faut qu'elle fasse le scanner ! » Il savait que l'examen clinique était strictement normal. Cela exprimait le fait de la guérison. Mais le résultat de l'electromyogramme montrait aussi qu'il y avait bien une pathologie effective qui donnait toute sa véracité au fait de la guérison.

J'avoue avoir été un peu décontenancée par sa réponse qui me fut rapportée par mon médecin généraliste. En fait, le scanner ne pouvait pas détecter cette trace mais il y avait, au niveau du pied gauche, celui qui s'était redressé, un réflexe nerveux qui ne fonctionnait pas parfaitement. Cela ne me gênait aucunement et je ne m'en étais même pas rendu compte. Toute la fonctionnalité du pied n'était toutefois pas totalement revenue sur le plan strictement physiologique.

Est-ce que cela allait remettre en cause la guérison ? À ce moment-là, je l'admets, j'étais prête à tout arrêter. Comme je l'avais assuré au docteur Fumery, si la médecine disait qu'il n'y avait pas de guérison, alors il n'y avait pas de guérison.

Le temps passa encore. Tout allait bien sur le plan de la santé mais j'étais dans l'incertitude quant à l'issue. Je n'en ressentais aucune angoisse. Je me disais simplement qu'il était dommage d'avoir parcouru ces années sans aboutir à quelque chose. En totalisant tous les amphis et les professeurs qui m'avaient suivie de plus près, mon cas n'avait-il pas été jaugé par près de 300 médecins ? Fallait-il que tout cela ait été pour rien ?

Il y eut enfin une nouvelle réunion du Comité médical international en novembre 2016 pour statuer. En comparant ce nouvel examen avec tous mes antécédents médicaux et avec les quatre opérations chirurgicales que j'avais subies dans cette partie de mon corps, les médecins s'aperçurent alors que cette zone avait été irrémédiablement coupée du reste et qu'elle était probablement restée indépendante en quelque sorte de mon système nerveux, du fait des interventions médicales. Je résume avec mes mots. Nous avions enfin l'explication possible de la « subsistance » d'un signe mineur de la maladie, c'est-à-dire un manque de réflexe au niveau du pied gauche.

Considérant cependant, lors de cette réunion, que toutes les analyses possibles, expertises et contre-expertises sur mon cas avaient été tentées, le docteur de Franciscis fit procéder à un vote du bureau médical. Il était décisif cette fois autour d'une question tout aussi décisive : considérez-vous qu'il s'agit d'une guérison inexpliquée par la science en l'état actuel de ses connaissances ?

Un seul des médecins présents sur les vingt-sept présents répondit « non ». Tous les autres dirent « oui ». Soit très largement au-dessus des deux tiers requis pour qu'une guérison soit reconnue comme « inexpliquée par la science en l'état actuel de ses connaissances ». Ce vote étant à bulletin secret, on ne savait pas qui avait voté contre et pourquoi. En tout état de cause, la majorité en faveur de la guérison extraordinaire était écrasante.

L'Église applique en effet depuis des siècles des critères constants pour constater une guérison. Je pourrais les synthétiser ainsi : il faut que la maladie soit diagnostiquée et connue, que le diagnostic soit défavorable, que la guérison soit soudaine, inattendue, instantanée, complète et durable. Il faut enfin qu'aucune explication médicale ou scientifique ne puisse en rendre compte, et ce par un consensus large, rigoureux et collégial.

Cette fois c'est le docteur de Franciscis qui me téléphona. Il m'annonça dans son délicieux accent italien :

— Sœur Bernadette, nous avons voté…

— Et alors ?

— Guérison inexpliquée à 26 votes ! Un seul contre.

Prise par l'émotion, je restai sans voix. Puis au bout d'un moment qui me parut très long :

— Est-ce que je peux en parler autour de moi ?

— Vous pouvez le dire à votre petite communauté immédiate mais c'est tout. Ne dites rien à personne.

— Même pas à mon évêque de Beauvais ?

— C'est à l'évêque de Lourdes de lui annoncer.

Il me salua et raccrocha. C'est un homme de science mais aussi d'espérance. Il était très proche des gens. Il avait toujours un petit mot pour vous encourager. Mon cœur débordait de joie mais le téléphone portable encore à la main, quelque chose me chagrinait : « Encore ce silence… » Je suis très active, j'aime partager ma joie. Je me trouvais comme une lionne en cage. Pour moi qui aimais communiquer cela devenait très difficile puisque cette fois ma guérison était avérée et inexpliquée. Comment pouvais-je taire une telle nouvelle ?

Je téléphonai à ma supérieure générale. Nous sommes une petite congrégation et je l'appelle Annie ou ma « sup générale ». Je la connais très bien et je l'apprécie beaucoup. Nous sommes comme deux sœurs même si je suis plus âgée. Elle est entrée en religion quand j'étais en poste à Chelles dans la banlieue parisienne.

Elle connaissait mon côté électrique… Elle me rappela que le Bureau médical de Lourdes, si autorisé soit-il sur le plan médical, n'était « pas l'Église ». Et que « guérison n'était pas miracle ». Que tout dépendait de l'évêque de Beauvais qui, seul, devait discerner la nature miraculeuse ou non de ce qui m'était arrivé.

Je dois reconnaître que j'ai eu alors un moment d'impatience… Je lui demandai :

— Mais comment en parler sans mentir si on m'interroge ?

— Tu n'as qu'à dire que cela suit son cours.

— Pas plus ?

— Ou que c'est en bonne voie.

En bonne voie… Juillet arrivait et le pèlerinage diocésain partait à Lourdes. J'étais évidemment du voyage. Je ne vous dis pas l'émotion que j'ai ressentie en arrivant devant la grotte en cet été 2017. J'ai comme fondu devant un soleil, transparente de reconnaissance et d'action de grâces. J'implorais toujours pour les milliers de malades autour de moi. La question « pourquoi moi ? » me revenait sans cesse.

Je savais depuis le début en mon intime que j'avais bénéficié d'une grâce du Seigneur par les mains de la Vierge Marie. Cette fois la médecine avait reconnu le caractère non expliqué de ma guérison. Je ne rêvais pas, je n'étais pas folle, c'était bien vrai. Aux yeux de l'Église toutefois il n'y avait pas encore de « miracle » au sens propre du terme.

Un lecteur ou une lectrice, peu familier des choses de l'Église catholique, pourrait ici se demander si notre institution n'en faisait pas un peu trop… C'est le parcours du combattant que j'ai évoqué au début de ce chapitre. Cela faisait bientôt dix ans que j'avais été guérie, trois cents médecins avaient eu accès à mon cas, j'avais subi des dizaines d'examens qui prouvaient ce fait. L'Église, elle, tiquait encore. Était-elle sceptique elle-même ?

En mars 2017, j'avais eu toutefois quelques bonnes nouvelles. J'appris que l'évêque avait été informé des conclusions du Bureau médical et qu'il « réfléchissait ».

Au pèlerinage de juillet 2017, je croisai notre évêque, Mgr Jacques Benoit-Gonnin. Je pensais qu'il me confierait une issue favorable pour le miracle mais il garda le silence à ce sujet. Par tempérament, je commençais vraiment à bouillir d'impatience de devoir me taire devant une telle merveille. D'un autre côté, j'étais toujours dans une attitude de remise totale de mon être à Dieu et à l'Église. Ce n'était donc pas à moi de décider. Il fallait continuer à prier et patienter.

Je compris aussi très vitc pourquoi les rôles étaient à ce point séparés entre médecine et Église. Il n'était pas question de mélanger les genres pour l'Église. Il fallait donc garder la tête froide devant le… merveilleux. Il n'existait aucune continuité automatique entre le médecin et l'évêque. L'un établissait son rapport scientifique, l'autre pouvait ne pas poursuivre l'étude théologique du miracle… Cela s'était déjà produit. Un évêque, seul décideur, pouvait arrêter le processus et le laisser tomber dans l'oubli. Les deux registres étaient différents, presque indépendants.

Avec patience j'attendais l'heure de Dieu. L'évêque me convoqua pour un entretien en novembre. J'entrai dans son bureau où j'avais rencontré son prédécesseur presque dix ans plus tôt. Ce jeune évêque, de formation juridique, très précis, avait évidemment tout lu sur moi. Il commença par cette question : « Je voudrais vous entendre me raconter ce qui s'est passé… »

Une nouvelle fois, je recommençai ce long récit de douleurs et de joies. Il écouta très attentivement. En me raccompagnant il m'informa qu'il allait créer une « commission canonique » pour statuer sur le miracle.

Noël 2017 passa. J'étais sans nouvelles. Je voyais arriver le dixième anniversaire de cet événement, en juillet 2018, sans que rien soit encore décidé. Fallait-il dix autres années à l'Église pour se prononcer ? Eh bien non !

Les choses se précipitèrent comme une cascade limpide qui n'aurait plus à se justifier tant son cours était clair. Le 10 janvier 2018 la commission canonique se réunit effectivement. L'évêque ne me donna aucune conclusion comme il se doit puisque ce travail était couvert par le secret. Il me fit simplement savoir qu'il avait quinze jours pour se décider.

Je ne saurais qu'après – car c'était un secret canonique – que la commission composée de théologiens avait donné un avis favorable sur le caractère extraordinaire de ma guérison. Ce qui voulait dire que l'Église y reconnaissait une intervention divine. Et que c'était un miracle !

Sauf qu'il restait à l'évêque – et à lui seul – de se prononcer… Car il était toujours libre de ne pas suivre l'avis de sa commission.

Cet évêque appartient à la mouvance charismatique dans l'Église catholique. Il est donc familier de la prière avec la Bible. Il m'a dit avoir beaucoup prié personnellement pour prendre cette décision importante. Il m'a assuré avoir reçu à plusieurs reprises des signes très explicites sur le fait que ma guérison était un miracle. En tombant notamment dans l'évangile de Marc sur des passages où il est question de miracles. Mais il se dit, « des miracles, Jésus en a fait beaucoup, alors Seigneur donne-moi un signe ». Une nouvelle fois, il ouvre sa bible et se retrouve sur le passage de l'évangile de Jean, « Les noces de Cana », où la Vierge Marie dit à Jésus « Ils n'ont plus de vin ». Ce signe, donné dans la Parole de Dieu, a fini par lui enlever tout doute sur la reconnaissance.

Juste après l'annonce Mgr Benoit-Gonnin donna ce témoignage : « Je n'ai plus eu aucun doute. Je me suis dit que si je ne tranchais pas en faveur du miracle, je n'honorerais pas la confiance que le Seigneur m'a faite d'être un évêque catholique. » C'est donc dans l'Église, en Église comme nous aimons à dire, mais aussi en priant et en ouvrant et en rouvrant encore sa bible dans la prière que cet homme chargé du discernement final a vu clair, sans l'ombre d'un doute, sur mon histoire. C'était un miracle, un signe que Dieu donne aux hommes.

Vu de l'extérieur cela peut paraître léger. Un seul homme décide au final d'un miracle en priant. Mais il a beaucoup consulté : l'enquête médicale puis la commission théologique. Sauf que l'évêque, et lui seul, a la responsabilité et le charisme du discernement. D'où ce recours à la prière qui n'est pas chose légère dans l'Église mais qui est le cœur du cœur. Le lieu où Dieu parle à l'homme.

Finalement, le téléphone sonna un dimanche de fin janvier 2018 dans notre petit pavillon de Bresles où loge notre fraternité de religieuses.

— Bonjour, c'est votre évêque, Jacques.

— Bonjour Monseigneur.

— Est-ce que je peux venir dîner chez vous ce soir ?

— Vous êtes le bienvenu, nous vous attendons.

Quand la sonnette retentit, je me précipitai pour lui ouvrir. Il arborait un large sourire. Une joie intense illuminait son regard. Il tenait un document à la main. C'était le « mandement », une lettre officielle du droit canonique reconnaissant le miracle…

C'était fait. C'était sûr et certain. En une seconde je recevais comme un coup la nouvelle qui avait mûri dix ans. Moi qui avais été si impatiente de parler je ne trouvais plus aucun mot. Il y a comme cela des moments inoubliables, indescriptibles, dans la vie. Je n'ai toujours pas de mot pour vous dire la profondeur de ce que j'ai ressenti à ce moment-là.

J'étais encore loin de savoir ce qui m'attendait à présent. Après la nouvelle vie ouverte par ma guérison, le miracle allait décider d'une deuxième nouvelle vie.

Chapitre IV

Ma nouvelle vie

L'Évangile nous livre une très jolie parabole. Elle est connue de tous. Ce sont les cinq pains et les deux poissons, l'image de l'abondance de Dieu qui exprime sa totale générosité. Il est surabondance. Dieu, créateur, est un ingénieur génial, maître des secrets de l'ADN de la plus petite cellule biologique comme du ballet d'étoiles tellement éloignées de la terre que nos meilleurs astrophysiciens les ignorent encore.

Pourquoi ces cinq pains et les deux poissons ? Dans le récit évangélique, ils sont tirés du sac d'un jeune homme, symbole de simplicité, de pauvreté et d'abandon. De cette pitance, le Christ créé un festin. Il multiplie les pains et les poissons, presque à l'infini, comme une poussière d'étoiles, puisqu'il nourrira une foule de milliers de personnes à partir de presque rien. C'est l'un de ses grands miracles.

On peut commenter à l'envi cette histoire inouïe. J'y vois une œuvre du savoir-faire de Dieu, cet extraordinaire « ingénieur » de l'intelligence et du cœur. Son opération favorite n'est jamais la division et encore moins la soustraction. Mais l'addition et, par-dessus tout, la multiplication ! Dieu aime multiplier par sept, par douze, par cent, par mille. Il aime démultiplier ses grâces, ses dons gratuits. Il déteste les petits calculs, les intérêts, les retenues. Dieu, c'est une corne d'abondance.

Le problème ce n'est pas Lui. C'est nous. Si nous avons quelque chose, nous voulons le garder pour nous. Si nous gagnons quelque chose nous y tenons par-dessus tout. Surtout, nous pensons que nous sommes les créateurs de nous-mêmes et nous n'attendons rien de Lui. Voilà le drame, car Lui attend tout de nous. Il respecte infiniment notre liberté. Il nous donne déjà tout et nous ne nous en rendons pas compte. Pour notre bonheur, il veut nous donner toujours plus.

Je sais que ces mots choquent car beaucoup ont une image inversée de Dieu : le Créateur serait vengeur, il permettrait le mal pour accabler l'homme. Il ne souhaiterait pas le bonheur des hommes mais leur souffrance… Malheureusement, les gens ont de quoi le penser. Il suffit de regarder le monde tel qu'il tourne. Ou d'entrer dans un hôpital. Ou de donner un coup de main aux Restos du cœur ou au Secours catholique.

Comment vous dire que Dieu ne veut pas cela ! Son projet sur nous est un plan d'amour. Il nous aime et veut nous combler. Sauf que c'est toujours par la petite porte. Jamais par les grandes avenues. Dieu murmure, il ne crie pas. Dieu est très discret. Il est plus proche de nous que nous ne le sommes de nous-mêmes. Seulement, nous ne le reconnaissons pas. Il est une sorte d'étranger. Étranger à nous et toujours silencieusement présent en nous-mêmes. Y compris quand nous ne croyons pas.

Je ne vais pas vous asséner de laïus moralisant, ni chercher à vous convaincre. Le sermon n'est pas mon état d'esprit. En revanche j'ai le devoir de témoigner de la grâce que j'ai reçue. Et cela, je ne peux pas m'en priver, parce que je n'en ai pas le droit. C'est ma nouvelle vie. Je n'ai pas de contrat avec Dieu, mais j'ai tellement reçu par cette guérison qu'il me faut, j'allais dire, le crier. Je sens la nécessité d'aller sur les places proclamer cette bonne nouvelle : Dieu vous aime et vous ne le savez pas ! Cela vous semble confondant de bons sentiments, de naïveté, mais c'est vrai… Je vous l'affirme, je vous l'assure, je vous le garantis ! « Je suis juste chargée de vous le dire, pas de vous le faire croire », disait ma sainte patronne, Bernadette de Lourdes. Cette phrase, je me la répète souvent.

Nous trouvons cela invraisemblable parce que c'est trop simple, trop facile, trop injuste pour ceux qui continuent de souffrir. Or, depuis que l'Église a certifié « mon » miracle – il n'est pas à moi, ni pour moi – et que l'on me demande d'en parler publiquement, je m'aperçois que beaucoup plus de gens que nous ne le pensons croient en Dieu, sans trop y croire mais en y croyant… Vous me suivez ? Avançons maintenant dans ce que j'appelle ma « nouvelle vie » et j'espère que vous allez voir ce que je veux dire.

Vous allez rire mais c'est en poussant un Caddie dans un supermarché que j'ai vécu ma première expérience de notoriété. Et c'est là que j'ai compris que nous ne sommes pas si loin des cinq pains et des deux poissons dont je viens de vous parler car

Dieu veut l'abondance pour les hommes. Il y a la croix, certes, la souffrance mais la dureté de la vie n'a pas le dernier mot. Que s'est-il passé ? C'était un lundi, entre le rayon pain et le rayon poisson de mon Intermarché à Bresles en Picardie ! L'histoire est vraie. Elle est surtout une parabole de cette vie nouvelle. Elle révèle que les petites voies de Dieu ne sont pas les autoroutes de l'information. Elle donne une petite idée de l'immense générosité du Créateur. Elle démontre que la foi simple des gens est bien plus répandue que l'on croit.

Le miracle a été annoncé le 11 février 2018, jour du 160e anniversaire des apparitions de Lourdes. Le mardi 13 a eu lieu la conférence de presse, c'est alors que tous les journaux parlent de cet événement. Par curiosité, le lendemain matin, je vais à Intermarché acheter le *Courrier Picard*, le journal local. En première page, bien sûr, ma photo. Et l'article me concernant. Près de moi, un monsieur achète le journal, il me regarde et me dit « Mais c'est vous ? Je vous ai vue à la télévision ! Ça alors, je vais le dire à ma femme. » Quelques jours plus tard, j'avance benoîtement dans ce même magasin. Je pousse le Caddie d'une main, de l'autre je tiens la liste des courses de la communauté. Je n'ai qu'une idée en tête à ce moment-là : ne rien oublier de ces nécessités. Nous vivons très sobrement, il faut toutefois assurer le ravitaillement et je m'y colle souvent. Bref, je suis loin de penser à mon « image ». Je ne sais pas encore d'ailleurs ce que cela veut dire. La notion de « notoriété » m'est étrangère. Soudain, une vois m'interpelle, ce qui est rare dans ces endroits où l'on se parle peu.

— Je vous reconnais ! On a parlé de vous à l'usine.

— Merci, monsieur, ah, cela vous intéresse. Et qu'est-ce que vous dites de tout cela ?

— C'est incroyable, extraordinaire.

— Et vous y croyez ?

— Oh, vous savez, moi j'ai eu du malheur. J'ai perdu ma femme encore jeune, alors j'ai laissé tomber la religion. Mais quand même, pour vous, j'y crois.

Et nous nous quittons, mais quelques secondes plus tard, il me rejoint dans l'autre rayon du magasin et me demande de faire une photo, « ça me portera peut-être chance… ». Il était heureux de m'avoir rencontrée.

Je réalise qu'il ne faut pas grand-chose parfois pour rendre quelqu'un heureux. Il suffit juste d'écouter. Ce qui est déjà beaucoup quand certains vivent involontairement reclus, toujours seuls.

Des rencontres similaires j'en ai fait désormais des dizaines et des dizaines. À Lourdes, je suis même devenue ce que l'on appelle une « vedette » ! Tout cela passera évidemment avec le temps. Car la notoriété est une forme d'illusion. C'est le Seigneur « la vedette », la Vierge Marie, pas ses serviteurs. À l'échelle de Dieu, la notoriété humaine, donc le fait d'être reconnu par les gens, est une apparence. Ce qui reste ce sont les fruits, les graines semées.

C'est toutefois une riche expérience. Elle change totalement ma vie de religieuse fondée sur l'effacement, la discrétion, le service. Ce qui est le contraire de la mise en avant. Ce qui compte pour moi n'est pas ma trombine dont je n'ai que faire. L'important est la personne qui est devant moi. Elle me raconte le plus souvent – et presque aussitôt – quelque chose d'essentiel, qui ne se voit pas, ne se mesure pas, ne se valorise pas mais qui lui tient à cœur. Une souffrance, une demande de prières, une action de grâces. Ces rencontres sont aussi simples que profondes.

J'insiste : je ne suis pas devenue une star pour autant. Je ne le voudrais jamais. Je ne le serai jamais. La star, c'est le Christ. Pas moi. C'est Lui qui m'a guérie. Le Christ est ma vie. Je n'ai rien d'autre à déclarer. C'est mon identité. Tout est là. Tout se tient.

Seulement, aux yeux de tous, je suis « la miraculée ». Je n'ai pourtant pas changé au fond. C'est le regard des autres qui s'est transformé. Mon visage étant – un peu – connu. Il m'est difficile de passer totalement inaperçue. Voilà un élément marquant de « nouvelle » vie.

Cela m'interroge : pourquoi avons-nous tant de mal à parler des choses de la vie ? Pourquoi dans cette société où tout s'achète et se vend, la confidence profonde est-elle si peu accessible ? Où est la transparence dont on nous rebat les oreilles ? Sommes-nous blessés au point que la simple confiance soit devenue une rareté ? Je sais que l'on ne confie pas ses trésors – ou ses noirceurs – au tout-venant mais il ne s'agit pas de cela. Je parle d'une confiance ordinaire, minimale. Certains en disposent dans leur vie de famille, dans leur travail ou dans leur engagement associatif. Mais beaucoup – je le constate de plus en plus par le nombre de personnes qui s'approchent de moi, dans la rue ou à la fin d'un témoignage – sont vraiment trop seuls et tout spécialement quand ils souffrent physiquement ou psychologiquement. Comme si notre société d'abondance et de communication générait la pénurie du cœur.

Cette expérience unique m'amène à sonder une autre tendance de notre société. La profondeur des multiples fossés que les gens creusent entre eux… Mais aussi à l'intérieur de chacun : entre l'apparence et la réalité. Je ne juge personne, au contraire et en aucun cas. Mais quelle prison pour la liberté intérieure !

Du coup cette nouvelle vie m'a renforcée dans une attitude de respect fondamental pour chaque être humain. Car nul, sinon Dieu, ne connaît l'histoire cachée des vies de chacun et le lot de souffrances portées dans l'intime de chaque être. Je pèse mes mots. Je ne pouvais pas l'imaginer à ce point. Certains sont littéralement accablés.

Je suis donc bouleversée par cette somme de poids qui pèsent sur tant de personnes mais aussi par leurs attentes de spiritualité. Ce n'est pas parce qu'ils ne se rendent plus aux offices religieux qu'ils ne gardent pas, au fond d'eux-mêmes, une âme religieuse. Il ne faudrait pas grand-chose pour les combler sur ce plan. Souvent ils sont bloqués par une mauvaise – et injuste – image de l'Église, liée à une expérience malheureuse. Leur besoin de se confier est vraiment immense. Cela me bouscule beaucoup car je me demande pourquoi ils n'ont personne à qui se confier. Je me répète, mais quelle solitude dans ce monde si habité et civilisé !

Alors je reçois tout cela, j'écoute, je ne suis pas un confesseur mais je prie aussitôt le Seigneur de m'aider à trouver un mot juste et je les porte dans ma prière de religieuse. Cela commence à faire une sympathique petite foule de tous âges et tous styles. Quand je rentre à la maison, je dépose toutes ces intentions pendant l'adoration dans la petite chapelle où je fus guérie. Je n'en oublie aucune. Et même si j'en oubliais, le Seigneur, au moment où quelqu'un me confie son fardeau, est là, invisible, qui prie déjà pour cette personne pour la consoler et la soutenir. Attention toutefois et j'y reviendrai à la fin de ce chapitre : ce n'est pas mon statut de miraculée qui suscite la présence spirituelle du Christ, c'est vrai de tout croyant qui vit de Lui. « Il » est là partout. Et en tous.

Nous croyons en la « présence réelle » du Christ dans l'Eucharistie, mais nous croyons aussi comme l'a souvent rappelé le pape François à la suite de tant de saints, Augustin notamment, en la « présence réelle » du Christ en toute personne qui souffre. Nous, chrétiens, nous voyons en chaque personne, et particulièrement chez les plus petits, les pauvres, ceux qui souffrent, une présence de Jésus. Comme nous l'affirmons dans nos prières, « Il est tout en tous ».

Je vis donc cette exposition comme un appel à être totalement au service du Seigneur pour l'annonce de sa bonne nouvelle. Cette « notoriété », je n'y suis pour rien. Elle a sa part d'illusion. Elle passera. De plus, tout m'a été donné. Il n'y a nul orgueil à en tirer. Ce serait d'ailleurs de l'orgueil bien mal placé. Comme un placement sans issue : vous perdez tout et vous vous perdez vous-même.

Mais difficile, dès lors, de vivre incognito. J'ai donc deux antidotes pour ne pas céder à cette tentation : la prière et l'obéissance. La prière constante pour se remettre dans l'axe. Celui du Christ par Marie. Pardon, c'est un peu difficile pour vous chers lecteurs et chères lectrices qui n'êtes pas catholiques, ou qui avez oublié cela, mais c'est d'une simplicité biblique et très important à comprendre pour tout ce qui m'arrive.

Pour nous catholiques, la Vierge nous conduit naturellement au cœur du mystère de Jésus quand on la prie. C'est essentiel. Le mystère de Jésus, c'est… Dieu. Dieu, oui Dieu. Celui que nous cherchons à entendre et avec qui nous communiquons par la prière. Mais nous croyons que la Vierge Marie a gardé son rôle près de Jésus. Elle peut tout demander à son Fils. Et nous, nous pouvons tout lui demander. Ce n'est pas magique. C'est notre foi. Nous la prions pour cela. Ce n'est pas une déesse, une femme Dieu. Mais elle est la mère de Jésus-Christ. Et Jésus est le fils de Dieu. Nous croyons qu'Il « intercède » pour nous. Cela peut paraître farfelu pour qui ne croit pas mais c'est la foi catholique depuis plus de deux millénaires. Cela repose sur les Évangiles qui sont à la disposition de tous.

Je ne m'égare pas en vous parlant de ce qui fonde ma foi. Mais tout ce que j'ai vécu n'aurait strictement aucun sens si je ne vous expliquais pas tout cela. Parler de la prière demanderait un livre. En attendant, la prière est un antidote pour lutter contre les effets de la notoriété. Car la prière décentre de soi-même. Quand je dis que la prière me remet dans l'axe qui est le Christ, elle me décentre de mon ego. Sans cette remise de soi au Christ on se retrouve très vite face à soi-même. Et l'on devient le centre de soi-même.

Certains vont penser que cette volonté de don de soi au Christ est une fuite de la réalité. Bien au contraire ! Car Jésus a un secret : plus on se donne à Lui, plus on se trouve soi-même ! Ce paradoxe pourrait être le secret du bonheur. Comment ? Jésus nous aide à détecter les talents qui sont semés au fond de nous. Les « talents », ce ne sont pas des super-qualités qui nous distingueraient. Non. Les talents sont ce que l'on a de meilleur à donner aux autres. Pas nos zones grises, nous en avons tous, ce sont plutôt nos lumières, tout ce qui peut faire du bien. Et ce n'est pas intellectuel. Ce sont des petites choses, le sourire, l'attention à l'autre, l'aide concrète, le temps donné, etc.

Le Christ nous a donné des talents qu'Il nous demande de faire fructifier. Il y a une très belle parabole à ce sujet dans l'Évangile. Et le premier de ces talents, c'est la vie. Telle qu'elle est. Il ne nous appelle pas à être des champions de la vertu ou de la performance. Il nous prend exactement tels que nous sommes, sans plus ni moins. Si nous lui ouvrons la porte il travaille en nous contre deux empêcheurs de nous donner pour de bon : notre égoïsme, « moi d'abord » ; notre orgueil, « je vaux mieux que les autres »… Mais ce détournement de soi, pour être mieux soi-même et pour être aux autres, est... tier qui prend une vie.

La mienne est maintenant marquée par ce mira... Je l'ai reçu gratuitement. Ce phénomène n'a pas vocation à me faire mousser. Mais j'ai le devoir d'en parler. Je ne peux pas garder cette merveille pour moi-même. Prier donc pour rester humble devant ce nouveau talent reçu et le mettre au service de l'Espérance notamment pour ceux qui souffrent en leur corps ou en leur âme. Je n'ai pas d'autre programme. Je n'en ai jamais eu du reste. Comment aurais-je pu prévoir tout ce qui m'est arrivé ?

D'où le second antidote, l'obéissance. Je vous en ai déjà parlé mais il est une clé de ma nouvelle vie – publique – puisque ma vie privée de religieuse n'a pas changé, sinon que je ne suis plus affectée par la maladie. Je n'accepte aucune intervention publique, conférence ou média, ou ce livre que beaucoup m'ont demandé, sans l'aval de mon évêque, Mgr Jacques Benoit-Gonnin et de ma responsable générale. Je n'hésite pas non plus à recourir aux lumières de ma petite fraternité franciscaine. Nous sommes quatre mais nous échangeons beaucoup et prions ensemble pour discerner quelle est la voie à suivre.

Voilà ce que j'appelle l'obéissance. Ce n'est pas un agrément aveugle au supérieur. C'est la recherche constante du bien qui n'est pas toujours facile à deviner. Cette démarche n'empêche pas de réfléchir, au contraire, je pèse le pour et le contre, je donne mon avis, mais la décision finale n'est pas prise par moi-même. Cela donne beaucoup de liberté et de désintéressement. Cela évite aussi de prendre de mauvaises décisions. Et cela garde dans l'humilité.

Cette vertu chrétienne est actuellement méprisée, considérée comme l'apanage des faibles. C'est à tort, croyez-moi. Quand on a connu une lourde maladie, qu'elle soit physique ou psychologique, on sait très bien que la vérité de l'être, de la personne, n'est pas dans son apparence, visuelle ou sociale, mais dans sa maison intérieure, là où réside son être profond. Cela vaccine contre les regards de haut, les jugements péremptoires, sur l'autre. On le regarde tel qu'il est avec ce que nous sommes, tels que nous sommes, sans façon et sans effet.

De ce point de vue ma nouvelle vie est très riche car je navigue dans un monde qui mise tout sur l'apparence. Les gens que je rencontre à la fin d'un témoignage, ou dans la rue, ou même sur de brillantes enceintes médiatiques, sont pourtant tous logés à la même enseigne. Ils souffrent tous des mêmes maux : le manque d'amour, le manque de reconnaissance de ce qu'ils sont vraiment, un manque profond de liberté par encombrement de superflu, et pour certains, la maladie physique ou psychique qui ruine leur existence.

Au fond ce livre est pour eux. Il n'est pas pour me mettre en valeur. Sa seule valeur serait de donner un peu d'espérance en montrant que Dieu nous aime et nous guérit. Et qu'aucune vie, si cabossée soit-elle, n'est vouée à l'échec ou à l'absurde. C'est justement dans les plis et les tôles froissées de nos parcours que Dieu peut faire des miracles. À condition que l'on veuille bien lui ouvrir la porte sur nos misères. Sans quoi Il ne peut rien faire. Oui, vous avez bien lu ! Dieu peut être impuissant si nous ne lui laissons pas la possibilité d'agir en notre intérieur. On appelle cela l'abandon. Je reviendrai là-dessus en détail quand je vous parlerai de ma vie de religieuse et de ma foi.

À ce propos il m'est arrivé une singulière expérience. Elle m'a montré combien nos repères religieux séculaires ne sont plus partagés par beaucoup et en particulier par les plus jeunes. En vous racontant cela, je ne juge pas la journaliste qui m'a si gentiment accueillie dans son émission mais ce fait m'a vraiment marquée.

C'était sur FR3 Nord. L'émission s'appelle « Vous êtes formidables ». Il s'agissait de raconter ma guérison. J'avais accepté en accord avec le diocèse parce que le Nord est ma région natale. Le principe est que chaque invité apporte un petit objet, qu'il laissera dans le studio. Un objet qui dit quelque chose de lui. En y réfléchissant, je me suis dit que l'objet qui me définissait le plus était un chapelet avec une image de la Vierge de Lourdes. Vous vous souvenez, le chapelet, je vous en ai parlé dans le premier chapitre. C'est une prière à la Vierge Marie mais c'est aussi une cordelette ou une petite chaîne qui relie cinq fois dix petits grains (en bois ou en plastique), correspondant à la récitation de dix « Je vous salue Marie », entrecoupés d'un « Notre Père ». Le lien se termine par une croix. On le tient dans la main en priant, ce qui évite de compter les prières pour se concentrer sur… la prière.

Bref, j'arrive toute fière avec mon petit cadeau et mon image pieuse en pensant sincèrement qu'ils parleraient un langage universel, ne nécessitant aucune explication. Je tombais de haut quand la journaliste me demanda tout aussi sincèrement : « Qu'est-ce que c'est ? » Ni le chapelet ni l'image de la Vierge de Lourdes ne lui disaient quoi que ce soit… Je lui ai expliqué. Elle a reçu l'ensemble avec beaucoup de respect.

Saut de générations ? Saut culturel ? Indifférence religieuse ? Encore une fois, je ne l'ai pas jugée une seule seconde. D'autant que nous avons, nous, Église catholique, une lourde responsabilité dans cette panne de transmission… J'ai alors rendu compte de ma foi sans savoir si quelqu'un lui avait déjà parlé de Dieu. Et sa foi personnelle ou son absence de foi ne me regardait pas de toute façon. Cet épisode ne nous a pas empêchées de vivre une très belle interview, simple et profonde, comme j'aime.

Et d'entendre, le lendemain, des « On vous a vue à la télé »… C'est bien naturel pour ceux qui le disent. Cela ne me fait ni chaud ni froid. C'est ainsi. J'aimerais surtout qu'ils aient retenu quelque chose du témoignage. Mais, encore une fois, la réception du témoignage que je suis amenée à donner ne m'appartient pas. C'est le Seigneur qui accomplit son œuvre dans les cœurs. Il n'a pas de stratégie médiatique. Moi non plus du reste ! Je veux être, et demeurer, sa servante. Y compris sur un plateau de télévision.

À ce propos j'ai fait mes premières armes devant les caméras de KTO, la chaîne catholique à qui je tiens à rendre un hommage pour la qualité de ce qu'elle produit. C'est d'ailleurs en suivant la messe de Lourdes retransmise sur KTO le 11 février 2018 que j'ai entendu l'évêque de Tarbes et Lourdes, Mgr Nicolas Brouwet, annoncer la reconnaissance du miracle. Et c'est à KTO que j'ai naturellement donné ma première interview de télévision.

Mais le vrai baptême du feu fut sur France 5, dans l'émission « C'est à vous ». Là ce n'était pas un ou une journaliste mais une tablée de cinq personnes avec des pointures comme Pierre Lescure que je ne connaissais pas, sinon en image. Ou encore la charmante Anne-Élisabeth Lemoine, l'animatrice qui fut vraiment adorable avec moi. Sans parler de Thierry Beccaro, acteur et présentateur de télévision, également invité, pour raconter son terrible passé d'enfant battu qu'il venait de publier dans un livre choc, *Je suis né à dix-sept ans*... Si incroyable que cela puisse paraître, j'étais « la femme du jour ». Je n'en reviens toujours pas.

Je leur ai dit en arrivant « la télé, ce n'est pas mon truc ». Mais ce fut, à ma grande surprise, un impressionnant moment de vérité. J'étais très émue sur ce plateau mais je n'étais pas la seule. Je ne jouais pas un rôle. J'étais moi-même. Je ne sais pas être autrement. Je ne sais pas si « cela a marché », comme l'on dit. Ce point ne m'intéresse pas. J'ai eu simplement beaucoup de retours positifs.

Anne-Élisabeth Lemoine m'a demandé si le fait d'être « miraculée » changeait quelque chose dans ma vie. Voilà ce que je lui ai répondu : « Miraculée ? Pour moi cela ne change rien. Cela change quelque chose bien sûr... La preuve, c'est que je suis là. Et puis, c'est maintenant reconnu par l'Église. J'ai donc la possibilité de témoigner de ce que Dieu a fait pour moi par l'intercession de Notre-Dame-de-Lourdes. Je pense que c'est un don fait à l'Église. J'ai envie de le partager pour donner aussi une parole d'espérance au monde et à mes frères et sœurs malades. » Elle m'a alors demandé si la notoriété ne me montait pas à la tête. Voici ce que je lui ai dit : « Dans mon cœur, cela ne change rien. Je reste une petite sœur franciscaine, égale à moi-même, avec la mission que j'ai à vivre. Je le vis simplement. »

Il a ensuite fallu que je raconte ma maladie, le pèlerinage, la guérison : « J'ai vu que mon pied qui était de travers était redressé, je pouvais bouger sans douleur. » Ou encore, au moment de l'adoration : « J'ai eu cette chaleur, ça partait du cœur. Comme dans la relation au Christ. C'est dans un cœur-à-cœur avec le Seigneur. Le Seigneur est dans l'Eucharistie. C'est la source. Pendant l'adoration, j'étais devant la source, la source de la vie. »

J'ai tout dit sans avoir peur de parler aussi ouvertement de ma foi profonde. J'ai rappelé que je demandais au Seigneur de guérir les autres, « c'est la gratuité de Dieu, je n'ai rien demandé pour moi », mais que je m'interrogeais toujours, une fois guérie, « pourquoi moi ? » même si « nous n'avons pas de comptes à demander à Dieu ». Ce fut un témoignage de foi, je l'espère : « Je vivais ma vie de malade, d'handicapée, en communion avec le Christ sur la croix que j'offrais pour le monde. »

Et puis il y a eu cet autre moment de contre-vérité – mais aussi de vérité – où l'émission a rediffusé la chronique du philosophe Raphaël Enthoven qui parlait sur Europe 1. Il accusait l'évêque de Beauvais de « tenir pour un miracle le phénomène qui n'est juste pas encore expliqué ». Et argumentait : « Comment ose-t-on passer d'un constat temporaire en l'état actuel de nos connaissances scientifiques à un verdict éternel ? Et en parlant de miracle ! Ce qui ne veut rien dire… » Ce chroniqueur concluait : « En éclairant l'énigme par le mystère, on augmente l'obscurité, on répand les ténèbres et on fait basculer la religion dans la superstition. »

On m'a aussitôt demandé ma réaction… Il est vrai que ce réquisitoire m'avait fait mal et attristée non par son contenu mais par sa hargne et son manque profond de respect humain. Et voilà ce que j'ai répondu : « Cela me fait sourire… Je respecte son opinion. Il ne veut pas y croire, ce n'est pas mon problème. Il a une philosophie autre que la mienne, que je respecte. Je respecte l'autre tel qu'il est. Je suis dans un monde où il y a toute sorte de pensées. J'ai la mienne. J'ai ma conviction. Mais je ne me permettrais pas de dire ce qu'il dit. Et même si c'était dans l'autre sens, je ne me permettrais pas de dire ce qu'il dit. »

Effectivement, je le répète, je ne suis pas chargée de faire croire mais de dire ce qui m'est arrivé. Mais j'étais frappée par sa violence. Pourquoi ? Avait-il peur de quelque chose ? Pourquoi recourir à l'agression si l'on a de bons arguments ? Pourquoi chercher à abattre celui qui ne pense pas comme vous ? Pour le décrédibiliser ? Pour moi, un philosophe doit plutôt être posé et respecter les arguments de l'autre. J'avoue que je n'ai pas bien compris son attitude. Ou peut-être trop bien compris son parti pris antichrétien et anticlérical. Tellement facile…

Pierre Lescure, qui n'est pas un enfant de chœur me semble-t-il, fut très respectueux à mon égard. Cet homme, qui en a vu d'autres, ne cachait pas son émotion, son vrai cœur donc. Il m'a fait remarquer qu'il y avait tout de même « de moins en moins de miracles » à Lourdes. Je lui ai d'abord dit : « C'est important de proposer à toute personne qui le souhaite d'aller en pèlerinage à Lourdes. Quelquefois on n'y pense pas. Moi, je n'ai plus peur de proposer d'aller à Lourdes. Je ne serais pas là aujourd'hui si mon médecin ne me l'avait pas proposé. Il ne faut pas avoir peur de dire à ceux qui nous entourent, à ceux qui souffrent… »

Et puis, j'ai rétorqué : « Vous dites qu'il n'y a pas beaucoup de miracles… Mais des miracles il y en a énormément ! Pour moi, le plus grand miracle, c'est celui de la fraternité qui existe à Lourdes, entre les malades et les soignants et les pèlerins. Là, on ne fait qu'une famille et le plus petit, le souffrant – que parfois l'on cache dans l'année – il est là, à l'honneur… Et c'est lui qu'on sert ! Là, on apprend beaucoup. Les miracles de Lourdes, ce ne sont pas seulement les miracles visibles mais ce sont aussi toutes les guérisons intérieures. On revient toujours de Lourdes autrement. Je peux vous dire que j'ai des témoignages de gens qui ont vraiment vécu un retour à la foi à partir d'un pèlerinage à Lourdes. »

Je me m'étais pas préparée à cette émission, sinon par la prière. Ce fut une épreuve. Ce fut impressionnant. Moi qui déteste être apprêtée, j'ai dû subir un peu de maquillage, ce que je récusais. Il a quand même fallu un peu de poudre « antireflet ». Et puis un petit coup de coiffure que j'ai repris d'une volée de main avant de passer sur le plateau pour me remettre telle que j'étais avant… J'aime le naturel et je veux rester naturelle. Mais c'est un détail. J'ai aimé cette émission parce qu'elle a été, au fond, sans fard et sans maquillage ! Je crois que l'Esprit Saint m'a dépassée et tant mieux, nous a tous dépassés car « il souffle où il veut », dit la Bible. J'en ai été moi-même surprise. J'en suis sortie apaisée, comme si je sortais de la chapelle, c'est dire ! J'ai eu aussi pas mal de retours notamment de personnes très éloignées de l'Église. Et même d'un neveu qui m'avait regardée depuis les États-Unis !

Je remercie aussi le Seigneur d'avoir été invitée sur cette chaîne de grande écoute. Je prie pour ceux qui l'ont regardée, pour ceux qui étaient sur le plateau, pour Raphaël Enthoven. Oui, je prie pour lui, pour son cœur profond, pour qu'il trouve la sérénité, la paix intérieure. Et pour qu'il respecte davantage les croyants, catholiques en particulier. Justement ceux dont on se moque le plus parce que l'on sait qu'ils ne répondront jamais à l'insulte. Je rends grâce aussi pour la liberté de l'information. Il existe des pays où nos sœurs franciscaines ne connaissent pas cela. Cette liberté est pour le meilleur et pour le pire mais grâce à cela le miracle dont je suis porteuse n'est pas passé totalement inaperçu.

Dans le registre médias, il faut que je vous parle de la conférence de presse qui fut organisée juste après l'annonce de la guérison, le mardi 13 février, à l'évêché de Beauvais. Julien Serey, en charge de la communication du diocèse, aussi sympa que professionnel, m'avait prévenue : « Mardi, c'est conférence de presse, on ne donne aucune interview avant. » Une conférence de presse ? Je ne savais vraiment pas ce qui m'attendait. Du coup, je n'ai rien préparé sinon en priant pour que l'Esprit Saint vienne m'éclairer et m'inspirer ce que je devais dire. Le matin même, quand j'ai vu l'évêque en grande tenue, soutane filetée et ceinture violette, je me suis dit que cela devait être très important. En religieuse apostolique, j'avais mon pull blanc avec ma croix franciscaine en bois, en forme de T, et une jupe d'hiver brune, toute simple. Quand j'ai vu les soixante journalistes présents dans la salle, la forêt de micros, les caméras, j'étais vraiment ahurie… Non seulement je ne pouvais plus reculer mais il fallait bien que je monte sur cette estrade – le contraire de moi-même – puisque tout cela avait été prévu pour que je donne un témoignage. « Seigneur, viens à mon aide et dis-moi ce que je dois dire. » C'était très impressionnant mais j'ai reçu ce jour-là une inspiration et une grâce de paix et de joie pour parler sans peur.

Dernier souvenir fort de cette « entrée en scène » médiatique même si je déteste cette expression. Ce fut presque aussitôt après l'annonce. Une heure après la télévision locale débarque dans la cour de notre fraternité, caméra au poing à la recherche de la « miraculée ». Ce qui a valu à mes sœurs de bâtir sur-le-champ une tactique d'évitement ! Heureusement notre pavillon comporte plusieurs portes. Et ce n'est pas moi qui ai ouvert. Du coup mes sœurs ont pu répondre que je n'étais pas disponible. C'était à la limite du pieux mensonge ! Mais l'évêché m'avait bien demandé de ne pas m'exprimer dans les médias avant la fameuse conférence de presse. Les journalistes sont repartis bredouilles. Ils se sont tenus tout de même un moment à proximité et nous avons été prudentes dans nos allées et venues... J'espère qu'ils ne m'en voudront pas en lisant ces lignes car ils ont bien fait leur travail.

Voilà pour les médias. Je ne dis pas qu'ils ne sont pas importants mais il y a forcément un filtre entre ce que vous pouvez dire et ceux qui lisent, qui écoutent et qui regardent. Les témoignages en direct, en revanche, c'est du vrai direct ! C'est un autre aspect de ma « nouvelle vie », peut-être le plus important. Je suis régulièrement invitée à donner mon témoignage. Les gens sont là, devant vous. Ils vous écoutent. Ils vous questionnent. Ils se sont déplacés pour cela. Il se passe alors des choses que l'on ne contrôle pas. Et heureusement. On se sent dépassés, portés par un message plus fort et plus fécond que soi. Je ne veux être, après tout, qu'un instrument dans les mains de Dieu.

Comment est-ce que je perçois cela ? Par les courriers que je reçois ensuite ou par des témoignages directs de personnes qui ont été touchées. Ainsi cette dame qui me confie combien mon témoignage l'a touchée et l'a interpellée au point qu'elle s'est ensuite engagée dans une œuvre sociale.

Il y a aussi des moments de profonde communion avec des gens malades. Plus ou moins connus. Je pense en particulier à Mgr Garnier, archevêque de Cambrai, qui lutte avec détermination et abandon chrétien contre un cancer. La maladie n'est évidente pour personne et encore moins pour ceux qui ont des responsabilités. Le fait d'avoir été longtemps malade, pendant plus de quatre décennies – ça compte dans une vie… – ainsi qu'aux prises avec une maladie de plus en plus agressive, m'aide toutefois à trouver les mots et les attitudes justes. Bien sûr, les mots ne peuvent pas guérir, mais ils apaisent. La prière ensemble aussi.

Il y a aussi le monde politique. Nous n'avons pas de raisons, nous religieuses apostoliques, engagées dans le monde et même contemplatives, de nous désintéresser de la vie publique et locale en particulier. Notre communauté religieuse participe autant qu'elle le peut aux activités de la commune. Nous ne sommes pas des êtres à part. Lors de la célébration d'action de grâces de cette reconnaissance miraculeuse, le 4 mars 2018, présidée par Mgr Jacques Benoit-Gonnin en présence de la communauté diocésaine et paroissiale, étaient présents le maire de Bresles, Dominique Cordier, et des élus du département de l'Oise dont Olivier Dassault, député, et Olivier Paccaud, sénateur, ainsi que des élus du coin. À l'issue de la célébration un pot avait été organisé à la mairie avec discours du maire et échange ouvert autour de ma guérison en présence de Sœur Marie-Albertine, quatre-vingt-dix-huit ans, qui fut le premier témoin. Elle qui a vécu vingt-cinq ans à Bresles au service des malades, de la catéchèse, du patronage, était revenue pour la circonstance. Ce fut un moment très fraternel.

Par la suite, Louis Alexandre Ponthieu m'a sollicitée pour une interview dans le magazine du sénateur Olivier Paccaud, *Terres d'Hist'Oise*. J'ai évidemment accepté mais en lui demandant qu'il trouve des fonds pour la restauration de notre église de Bresles ! La dernière question de l'interview était la suivante : « Vous avez bénéficié d'un miracle, si vous pouviez vous-même faire un miracle, quelle serait la chose que vous changeriez ? » J'ai répondu : « Le plus grand des miracles, ce serait la paix dans le monde, que les enfants ne soient plus victimes des guerres, que les hommes renoncent au pouvoir et à l'argent qui écrasent les plus petits et que nous respections la vie que nous recevons de Dieu. » Voilà mon message ! On est franciscaine ou on ne l'est pas…

Le sommet de ma nouvelle vie « publique », si je puis dire, ce sont mes retours à Lourdes. Le plus émouvant fut le premier pèlerinage après la guérison, en juillet 2009. Je ne saurais même pas décrire ce que j'ai ressenti devant la grotte tellement ce fut intense. Jamais encore je n'étais repassée guérie devant ce lieu où tout avait commencé. J'ai d'abord pleuré comme une madeleine. Je ne pouvais plus parler. J'étais prostrée, face contre terre, accroupie à même le sol, dans une longue prière silencieuse d'action de grâces. Lourdes m'habite. La Vierge de Lourdes m'habite tout le temps. C'est un dialogue intérieur et intime, sans mot, sans parole qui ne parle que d'amour et de compassion pour ceux qui souffrent. Quand je n'y suis pas, je m'unis par la prière avec la prière du rosaire retransmise l'après-midi depuis la grotte sur KTO ou sur Radio Notre-Dame.

Cette première fois après la guérison ne fut pas évidente à vivre. Les habitués du pèlerinage diocésain m'avaient vue en 2008, malade sur une chaise roulante, un an plus tard, en 2009 ils me voyaient guérie poussant les fauteuils roulants d'autres malades ! « C'est elle qui a été guérie » entendait-on, car on ne parlait pas encore de miracle. Je voulais passer inaperçue, prier, rendre service aux malades, c'était fini. Pour être tranquille j'ai alors retiré mon badge. Les organisateurs ont fait une mise au point et j'ai retrouvé une « vie protégée ». Ce qui est impossible aujourd'hui.

En 2018, je suis retournée à deux reprises à Lourdes depuis l'annonce du miracle. Je dois renoncer définitivement à toute vie privée. Je ne peux plus faire un pas sans être happée par l'un ou par l'autre. Ils avaient partout affiché le portrait de la 70e miraculée…

Mais que de grâces reçues ! C'est sans doute l'un des sens possibles pour comprendre ce qui m'est arrivé… Être là, à deux pas de la grotte, dans cette cité mariale, et parler à tant de personnes qui viennent en ce lieu pour prier la Vierge et déposer leurs fardeaux les plus lourds dans le silence de leur cœur par la prière. À Lourdes, il n'y a pas d'ostentation et encore moins d'ostentation de la douleur. Mon nouveau statut de miraculée est tout sauf une ostentation. C'est une offrande, un service. J'ai tellement reçu de Dieu, je ne puis qu'offrir aux autres en retour ce don gratuit pour les aider à recouvrer l'espérance.

Ainsi de ce dialogue, en juillet 2018 lors d'une soirée avec trois mille personnes. Parfois je me demande si tout cela est bien vrai. Je me pince encore. Oui, c'est bien moi, je suis vraiment guérie. Ce n'est pas un rêve. Je n'avais jamais eu l'expérience de parler à un tel nombre de gens. L'Esprit Saint a vraiment fait face. Sans lui, je ne suis rien.

J'ai aussi vécu ce témoignage inoubliable devant des centaines de jeunes en pèlerinage à Lourdes. À eux, je lance : « Le Seigneur t'appelle ! » Et je les encourage à revenir près de la grotte pour qu'ils se mettent au service des malades : « Vous ne rentrerez pas comme vous êtes venus, vous serez transformés. »

Il y a aussi des rencontres plus intimistes. J'ai été par exemple bouleversée par un homme malade dans son fauteuil roulant qui était devant la grotte avec sa bouteille d'oxygène. Je me suis approchée de lui. Ne pouvant parler, il m'a donné un crayon et je l'ai retrouvé par la suite à Saint-Fray, le lieu où sont accueillis des malades. Il m'a alors offert une petite croix. Elle symbolise qu'il est toujours sur la croix. « Jésus m'a fait passer de la croix à la résurrection mais cette croix nous rassemble tous les deux dans la prière », m'a-t-il confié.

Devant tant de souffrances et d'attentes, une phrase que nous disons pendant la messe juste avant de communier résonne en moi avec une force incroyable : « Seigneur, dites seulement une parole et je serai guérie. » Tout est dit ici de ce miracle, de ma nouvelle vie et je ne cesse de méditer cette prière. Et je prie pour les autres car j'attends que beaucoup puissent être guéris de leurs maux. Oui, j'y crois, le Seigneur peut soulager, consoler, guérir. Je ne comprends jamais comment on peut supporter la souffrance, et en particulier celle des enfants. Et je n'ai pas de réponse à la souffrance sinon celle de regarder le Christ en croix. C'est le seul chemin. Non pas que notre vie doive être une croix, mais que la croix fait partie de la vie. J'ai d'ailleurs eu cette conversation il y a encore peu de temps près du rayon laitier du magasin Auchan. Il n'y a donc pas qu'à Lourdes. La question de la vie, de la mort, du mal, du mieux se pose à tous et partout.

Mais Lourdes est décidément un lieu de rencontre incroyable. C'est la planète mais c'est aussi un village. Tenez, le sacristain des sanctuaires par exemple. Il ne m'a connue que guérie. Il ne savait donc pas ce qui m'était arrivé. Je l'avais rencontré plusieurs fois lors de mes passages au bureau médical pendant dix années. Le jour où il a su qu'il avait « la miraculée » à ses côtés, il a été saisi. Il était fou de joie quand il m'a revue. Et moi aussi. Depuis, il se promène avec ma photo, comme une prière, dans sa poche ! Cette joie, elle m'est donnée, elle m'habite quand je me lève, quand je me couche. Mon lit de douleur s'est éloigné mais cette immense nouvelle n'est pas pour moi et mon confort. Elle m'a été donnée pour que je la diffuse à mon tour.

Des rencontres, j'en ai eu dans ma région natale, le Nord, mais aussi en Bretagne où siège ma congrégation. Il y a tous ceux que l'on retrouve et que l'on n'avait pas vus depuis des décennies. Des amies et amis d'enfance, de jeunesse. Des cousins éloignés de la famille. Des gens croisés un jour et que l'on n'aurait jamais revus. À Nantes, par exemple, dans la maison mère de ma congrégation, une messe d'action de grâces fut célébrée le 13 mars en présence de Mgr James, l'ancien évêque de Beauvais. Il m'a dit toute sa joie pour la reconnaissance du miracle. Il avait effectivement été frappé par la ferveur de ce pèlerinage 2008.

Il y a enfin et surtout le courrier que je reçois désormais et auquel je n'ai pas le temps de répondre. Je m'efforce dès que je peux d'envoyer un petit mot mais le retard s'amoncelle. Souvent des demandes de prières touchantes de simplicité. Voici l'une des dernières reçues après une conférence avant le bouclage de ce livre : « Je vous demande de m'aider à porter ce fardeau. Votre témoignage m'a redonné de l'espoir. Rien n'est impossible à Dieu, grâce à vous, je retrouve un peu de courage. Je vous remercie de tout mon cœur, continuez à redonner de l'espoir. » Signé : G.

Voilà donc ma vie nouvelle. Accepter d'être livrée à tous, leur être disponible, raconter les merveilles de Dieu. Ne plus s'appartenir. C'est une forme de désappropriation. Être également dépossédée du secret que j'ai dû garder si longtemps. Rester dans l'humilité. Ce qui n'est pas évident avec une telle mise en avant. Ne pas s'enorgueillir, s'en défendre et rendre toute gloire à Dieu. Je ne suis qu'un canal. Ne pas penser non plus à je ne sais quel succès ou résultat. Cela n'aurait strictement aucun sens. Dieu compte en multiplication ou en addition comme je l'ai dit au début mais il perd ses relevés de comptes tous les jours. Les résultats chiffrés ne sont pas son affaire. Son chiffre d'affaires c'est le sourire, le pardon, la paix, la joie. Ce qu'Il veut c'est la miséricorde, la surabondance d'amour. Dieu n'est pas pingre. Il aime. C'est tout.

Tout n'est pas rose pour autant. Il y a des lieux où je suis moins bien reçue. Nul n'est prophète en son pays, avait prévenu Jésus. Dans mon village de Bresles par exemple et sa paroisse, il m'est difficile d'en parler avec certains. Je n'accuse ni ne juge personne. C'est ainsi. Il est vrai que je ne suis pas une sainte. Je suis connue pour mon caractère tranché, mes « sorties » parfois un peu trop directes, peu diplomatiques. Je dis ce que je pense, sans retenue. Les choses sont nettes, je suis plutôt impulsive. C'est vrai aussi dans ma congrégation. Cela me donne beaucoup d'énergie mais cela n'est pas forcément facile à vivre pour mes sœurs. Je leur demande pardon si j'en ai blessé certaines. Et puis il y a eu les zigzags de ma vie de religieuse. J'ai été très vite malade, souvent absente pour des séjours hospitaliers. Ensuite et en accord avec mes responsables, je suis partie à Chelles pour la fondation d'une fraternité composée de laïcs et de religieuses. Ce fut une expérience nouvelle à l'époque – j'en parlerai dans le prochain chapitre –, et nous avons touché là pas mal de jeunes. C'est en ce lieu que j'ai rencontré Brigitte, originaire de Chelles, alors étudiante et qui est devenue Sœur Brigitte, assistante générale à ce jour. Annie, aujourd'hui religieuse, qui est même devenue notre supérieure générale, a aussi découvert notre congrégation grâce à cette expérience. Venaient dans cette fraternité des jeunes mais aussi des pauvres. J'ai dû ensuite m'occuper d'une situation familiale difficile, dont je vous parlerai également dans le prochain chapitre. Et il y a eu l'épisode de la vie contemplative. Sans le vouloir ni le chercher… Je n'ai donc jamais été totalement dans le rang. Ma trajectoire ne fut pas rectiligne. Je confesse cela sans amertume. Mais c'est la vraie vie des communautés religieuses. On ne se choisit pas mais nous choisissons toutes un même idéal de vie et un même engagement. Il y a forcément des petits frottements. Comme dans une famille. Les religieuses sont des femmes normales. C'est rassurant.

Cette « nouvelle » vie est partie de la reconnaissance du miracle par l'Église catholique. Ce qui a conduit à une certaine notoriété qui me permet de porter et de diffuser le message du Christ, de l'Évangile chez les croyants et chez ceux qui ne connaissent pas. J'ai commencé ce chapitre qui s'achève par la surprise d'être reconnue au supermarché suite à la publication de ma photo dans le *Courrier picard*. Je le termine sur une histoire de photo qui n'est pas superficielle et qui est même plutôt importante car elle touche une question où je suis très vigilante.

Régulièrement, mes rencontres improvisées se terminent par des selfies ! Moi qui avais horreur d'être prise en photo, je suis servie… « Cela me portera chance », confie quelqu'un. Comme si j'étais un porte-bonheur ! Je respecte mais je ne partage pas. Je ne suis pas dotée d'un pouvoir magique. Mais je ne m'appartiens plus. J'ai tout donné au Seigneur, une fois pour toutes. « La photo vient de partir au Congo », me lance un autre. Va pour le Congo. Que puis-je faire… Elle pourrait partir au pôle Nord, cela ne me dérangerait pas, à condition que cela puisse faire du bien et stimuler la foi. Et surtout pas pour ma petite et vaine gloire. Si je suis désormais exposée c'est par la grâce de Dieu. Je n'ai pas voulu cette publicité. C'est pour le Seigneur que je m'y plie. Et il y a des gourmands en matière de photographies, ce sont les Asiatiques. À Lourdes, ils m'ont littéralement mitraillée… À la grâce de Dieu !

Mais je suis frappée aussi par le besoin des gens de me toucher. Certains ont besoin d'un contact physique, comme s'il émanait de moi un pouvoir spécial. Mais je n'ai aucun pouvoir sur rien, ni sur personne ! En même temps les gens savent que mon corps a été touché par la grâce divine. Le toucher est une façon de se rassurer et la foi chrétienne n'est pas désincarnée. Elle touche aussi les sens. La piété populaire passe ainsi par des gestes. Ce n'est pas superstition que de le constater.

Le Christ touche les malades pour les guérir. Le pape François insiste beaucoup sur la nécessité de toucher les pauvres que l'on aide et de ne pas seulement leur lancer une pièce ou un billet. Ma guérison physique m'a fait beaucoup réfléchir sur la place de notre corps dans la foi. Il est vrai que la spiritualité nous aide à dépasser les conditionnements de notre corps mais il n'y a pas de spiritualité saine qui ne soit incarnée. Dans cette guérison, ce n'est pas le Ciel qui serait descendu de très haut vers sa très basse servante, mais c'est la force de vie du Créateur, toujours et en permanence présente en chacun et dans la nature, qui a vaincu la maladie et sa puissance de mort qui étaient en moi, au plus intime des plus complexes cellules de mon corps. Mais encore une fois, ne me demandez pas comment ni pourquoi, je n'en sais rien !

Il y a en revanche quelque chose qui me pèse beaucoup depuis ce changement dont je dois vous parler ici. C'est un peu lié à la question du toucher. J'ai été guérie mais je ne suis pas guérisseuse ! Je tiens à l'écrire noir sur blanc. Je ne suis pas voyante non plus. Or souvent les gens me demandent de guérir à mon tour. Mais je n'ai ni ne veux de ce genre de pouvoir. Quand les gens me posent cette question, je reste à ma place. Oui, je vais prier pour eux et pour leur guérison. Non je ne serai jamais guérisseuse. C'est le Christ qui guérit. Je raconte d'ailleurs cette anecdote : j'ai participé à des prières de guérison dans des groupes charismatiques. On prie en imposant les mains sur la personne en demandant à Dieu de guérir cette personne du trouble qui l'affecte. Je ne saurais pas vous dire l'efficacité de cette prière mais je sais que plusieurs personnes pour lesquelles j'ai eu l'occasion d'implorer la guérison ont fini par mourir comme nous tous ! Alors oublions ce qui n'est pas vrai, mon supposé pouvoir de guérison. Il n'a jamais existé et n'existera jamais. Seul Dieu guérit.

CHAPITRE V

Ma vie avant

Qu'est-ce qu'une date de naissance ? Quand commence-t-on vraiment sa vie ? Parfois je me le demande en regardant le parcours qui m'a été donné de vivre. Ma vie biologique a débuté neuf mois avant le 23 septembre 1939, jour de ma naissance, à Raismes près de Valenciennes dans le Nord. Mais quand ma vraie vie a-t-elle commencé ? Le jour de mon baptême ? Le jour de mon entrée en religion ? Le jour de mes vœux de religieuse ? Le jour de la déclaration de ma maladie ? Le jour de la perte d'êtres chers ? Le jour de ma guérison ? Le jour du miracle ?

En me levant chaque matin désormais sans difficulté, en marchant dans la rue, en conduisant avec vivacité ma voiture – j'aime bien appuyer sur le champignon, dans les limites bien sûr ! Y compris à 80 kilomètres heure… –, en préparant un repas, en écoutant une personne en difficulté, en priant à la chapelle, en soignant le petit jardinet de la communauté centré sur la statue de Notre-Dame-de-Lourdes, en parlant à un groupe de jeunes, c'est tout à la fois : j'ai l'impression que ma vraie vie commence… aujourd'hui. À chaque instant. Chaque fois que je me donne totalement à Dieu et aux autres en surmontant mon égoïsme ou mon orgueil. Chaque fois que je souris au lieu de maugréer. Cela m'arrive, rassurez-vous, je ne suis pas toujours au beau fixe, impatiente que je suis !

Ma vraie vie commence à chaque fois que je fais de ma vie une prière. Oui, comme le dit le titre de ce livre, ma vie est devenue un miracle. Je ne devrais pas être comme je suis désormais. Tout m'a été donné depuis le début, la naissance, l'enfance, la foi, la vie religieuse, la maladie, les épreuves multiples, les mille et une joies, la guérison, la renaissance, ce sont des cadeaux de Dieu. Ainsi je ne regrette rien, je n'élude rien. La vie, si dure soit-elle, vaut la peine d'être vécue jusqu'au bout. Telle qu'elle est. En écrivant cela, je pense à tous mes amis les malades, les condamnés au handicap, à la mort certaine. Ce n'est pas une provocation pour eux mais un hymne à la vie que je veux lancer avec ce livre. Il ne faut jamais désespérer.

Tenez bon mais n'hésitez pas à habiter la demeure intérieure de votre cœur. Installez-y-vous comme dans un petit appartement. Déménager de l'apparence et emménager dans l'essence de l'existence. Voilà le lieu de la vraie vie. Elle n'a pas de date de naissance, elle n'a pas d'état de vie, ni d'apparence mondaine, ni de style de vie. Elle n'est pas religieuse ou laïque. Notre cœur profond est le lieu de la vraie vie. Il se tient hors du temps, dans l'instant.

Si on a la chance d'avoir la foi, le cœur profond est relié au Créateur et s'en nourrit. Si on ne l'a pas, le cœur est plus isolé, imperméable à une grâce divine qui pourtant jaillit à tout moment, disponible à tous et à chaque instant. Mais la rencontre est toujours possible. Car Dieu, patient, vous attend.

Voilà l'enjeu de nos vies : que l'on soit pratiquant ou pas, rencontrer en son intériorité son Créateur. Il nous comble de bien. Il nous recrée et nous aide à donner aux autres ce que nous avons de meilleur. La main de Dieu, son doigt n'est pas magique. Il n'est pas seulement « surnaturel ». Dans la foi chrétienne, Dieu passe aussi par des médiations humaines. Toute la question est d'accepter d'être l'instrument de Dieu. Dans la tradition chrétienne nous avons une expression, « faire la volonté de Dieu », qui peut être trompeuse bien sûr. Nous religieux cherchons à nous soumettre le plus possible à la volonté de Dieu pour l'accomplir mais elle ne se réalise pas sans nous, de pauvres êtres de chair et d'os, petits esprits que Dieu a créés pour agir sur terre.

Des siècles de jansénisme ont fini par brouiller l'image du catholicisme qui n'est pas fâché avec le corps. De toutes les religions c'est même la plus incarnée qui soit ! Bien sûr l'histoire de la spiritualité – toutes religions confondues – a souvent cherché à dompter le corps mais l'on a retenu que cela. Ce qui est faux pourtant. C'est une erreur de perspective. C'est comme si vous regardiez une cathédrale par les soubassements, les contreforts qui l'empêchent de s'écrouler sans voir la beauté et la lumière du chœur vers quoi tout converge pour que la prière monte vers Dieu. C'est une miraculée dans son corps qui vous affirme cela : Dieu aime le corps. Il nous glorifie dans et avec notre corps. On en reparlera dans le dernier chapitre.

J'arrête ce petit propos introductif au chapitre sur ma vie de malade, avant la guérison. Il campe mon état d'esprit. Jamais je ne me serais permis d'écrire ma vie sans ce miracle. Ma vie donc... Je ne sais en quoi elle pourra vous intéresser, je ne suis qu'une religieuse après tout et je veux le rester. Une servante du Christ à la façon de saint François d'Assise. Mais ce que j'ai vécu avant peut éclairer utilement ce qui m'est arrivé et la joie que j'éprouve aujourd'hui à goûter chaque instant qui passe, à savourer chaque rencontre. Cette joie, je voudrais tellement vous la faire partager, comme un grand cadeau où chacun aurait sa part, large et généreuse. Comme si la joie du cœur était, au fond, l'essentiel à retenir de ma pauvre petite vie qui n'a pas toujours été logée à cette enseigne.

Je suis donc née dans le nord de la France en septembre 1939. Mois de sinistre mémoire puisque la Pologne vient de tomber aux mains des nazis et la Seconde Guerre mondiale se prépare, elle, à accoucher de ses monstruosités. Moins d'un an plus tard, il y aura le drame de Dunkerque, non loin de chez moi. Je ne suis qu'un bébé alors, l'aînée de la famille qui comptera six enfants.

Mes parents sont du Nord tous les deux. Ma grand-mère maternelle était belge. Tous les deux sont ouvriers et de milieu ouvrier. Papa s'appelle Eugène. Il est menuisier mouleur dans une fonderie. Très habile dans la taille du bois, il réalise des moules qui serviront à couler la fonte pour fabriquer des pièces diverses. À ses heures perdues – il en avait peu –, il s'attelle à des travaux d'ébénisterie. J'ai toujours un

Christ en croix dans ma chambre qu'il a lui-même sculpté. Avec la même adresse il a fait sortir une très jolie sainte Vierge d'une pièce de bois brut. Papa était très croyant et très pratiquant. Il était plutôt taiseux et ne s'exprimait pas beaucoup.

Maman s'appelle Suzanne. Ses parents étaient ouvriers. Elle est employée de maison chez les patrons de l'usine de papa. Elle est très soigneuse dans son travail. Elle est aussi femme de grande foi. Ce n'est pas une théologienne mais elle est très attachée au chapelet.

En 1940, nous sommes évacués. Je n'ai que sept mois et je n'ai aucun souvenir du départ. Nous partons avec les patrons à Alès dans le Gard. Ils avaient une usine là-bas. Nous y resterons quatre années. Nous avons le malheur de perdre mon petit frère adoré là-bas. Je n'ai que quatre ans. Je ne veux pas que l'on emmène « mon Gérard », mon petit frère mort. Un deuil, c'est dur quand on est grande comme trois pommes et que l'on a un cœur plus grand qu'un arbre. Avant moi, une petite fille, Bernadette, est morte à la naissance. On m'avait donc redonné son prénom. Papa, qui devait d'ailleurs partir pour les travaux forcés en Allemagne, fut alors maintenu en France parce que maman attendait ce petit garçon. De santé fragile, papa ne serait jamais revenu, j'en suis convaincue. C'est Gérard qui est venu sauver son papa. Du coup nous retournons dans le Nord où nous arrivons en plein bombardement. Maman est alors de nouveau enceinte.

Nous sommes en juillet 1944 et je me souviens très bien des bombardements. Nous habitions alors dans une maison provisoire, rue Leprêtre à Raismes et j'entends encore une véranda s'effondrer ainsi qu'un mur entier. Nous allions à la ferme chercher du lait et nous nous cachions pour ne pas croiser les Allemands qui nous terrorisaient. Pendant les bombardements nous plongions dans la cave et nous récitions des *Ave Maria* avec maman.

Nous avons ensuite trouvé notre logis. Il était petit : nous ne pouvons pas dire que nous étions bien logés mais personne ne se plaignait. J'ai ainsi grandi dans une maison fort modeste mais dont la porte était toujours ouverte. Mes parents étaient très simples mais toujours très accueillants. S'il y avait un problème dans le quartier, les gens venaient spontanément chez nous pour en discuter. Le couple que formaient mes parents était uni. Le soir on priait tous ensemble. Le dimanche, c'était la messe évidemment, centre du jour, et les vêpres l'après-midi. Mes parents très engagés à la paroisse ont fait partie de la première équipe d'Action catholique ouvrière, l'ACO, dans notre secteur.

Tous deux avaient déjà une très grande dévotion à Notre-Dame-de-Lourdes. D'où le fait de m'avoir redonné le prénom de leur premier enfant, Bernadette, en référence à la jeune voyante de Lourdes. Arrivent alors successivement quatre enfants, Michel en 1944, puis Monique en 1946, Cécile en 1948 et Georges en 1950. Ce dernier faillit mourir très vite après sa naissance en février. Il subit une déshydratation et se trouva au plus mal le soir même de son... baptême. Le médecin est passé. Il pronostiquait sa mort au plus tard le lendemain. Maman ne s'est pas découragée. Toute la nuit elle a prié Notre-Dame-de-Lourdes. Elle l'a patiemment réhydraté, à la cuillère, goutte à goutte, avec de l'eau de… Lourdes. Oui, Georges a été sauvé par la Vierge de Lourdes ! Nous le croyons. Georges est avec moi le seul survivant de toute la fratrie. Lourdes a donc toujours fait partie de notre famille.

J'allais à l'école à deux maisons de chez nous, chez des religieuses de la Sainte Famille. Grâce à elles j'ai pu passer mon certificat d'études. J'étais une élève consciencieuse. J'aimais apprendre et j'aurais voulu continuer. Dans le quartier, on m'appelait « la petite femme au foyer » parce que je revenais à la maison pendant les récréations pour allumer le feu afin de cuire les patates pour midi. Pendant ce temps maman faisait des ménages. Papa, de santé fragile, était souvent malade. Il souffrait des poumons. Mais mon petit frère fut longtemps sous antibiotiques, ce qui coûtait très cher. À cause des frais de pharmacie, nous n'arrivions pas à boucler les fins de mois… Il fallait vraiment tout compter. Nous mangions à notre faim mais c'était vraiment très dur. La viande était rarissime. J'entends encore maman dire : « Si je n'avais pas la foi… »

Mais elle l'avait, la foi ! Et chevillée au corps. Elle maintenait donc une belle et bonne ambiance dans le foyer. C'était une perle, maman. Moi, j'étais la « petite maman » puisque maman devait mettre les bouchées doubles pour travailler en raison de la maladie de papa. Mon papa chéri. Du coup je m'occupais beaucoup de mes frères et sœurs. C'est moi qui menais la barque de la fratrie. Cela m'a donné une certaine autorité. Peut-être trop. Peut-être ai-je grandi avant l'heure… Je ne suis pas la seule. Combien de familles pauvres ont connu de telles galères ? Il a fallu traverser quelques tempêtes. Comme on dit dans le Nord, nous avons « miséré ». Avec dignité certes mais nous avons vraiment « miséré ».

Malgré tout j'ai le souvenir d'une enfance très heureuse. J'étais déjà d'un naturel joyeux car je chantais tout le temps. Plutôt des chants religieux. Je tenais cela de papa. Il chantait magnifiquement. Sauf qu'il s'est arrêté net… à la mort du petit Gérard. Un drame qu'il n'a jamais accepté. Quand mon petit frère était entre la vie et la mort, mon père avait dit : « C'est fini, on n'aura plus d'enfants. » Il parlait très peu, papa. Il a trop souffert de voir son fils partir si jeune. Au chevet de l'enfant malade maman lui a fait promettre qu'il y en aurait d'autres, et ils furent comblés.

Enfant, je ne pensais pas être religieuse. Mais c'est à l'âge de onze ans, le jour de ma profession de foi, que j'ai reçu l'appel du Christ. C'était pendant l'Eucharistie, au moment de l'élévation. J'ai alors ressenti un appel à suivre Jésus, à tout Lui donner. Ce fut comme une évidence. Le Seigneur m'invitait clairement à le suivre, à tout Lui donner. Je me répète, c'est simple, c'est clair : « Tout Lui donner. » Je faisais partie de l'Action catholique de l'enfance, du mouvement des Âmes vaillantes. Qu'on appelle aujourd'hui ACE. On n'était pas loin d'une grande forêt, on y faisait beaucoup d'activités. Une laïque qui s'en occupait m'a beaucoup marquée. Elle travaillait et avait voué sa vie au Seigneur. Ainsi que l'abbé Pierre Podevin qui était notre aumônier. On se retrouvait souvent à la maison autour d'une tasse de café ! C'était ça aussi le Nord.

Après mon certificat je voulais me diriger vers des études d'infirmière. Le projet fut vite interrompu faute d'argent. Nous n'avions tout simplement pas les moyens. Comme j'étais très douée manuellement, je fabriquais beaucoup de petites choses, maman m'a alors dit « tu vas apprendre un métier ». Et le métier, ce fut… la couture. J'allais souvent voir les sœurs franciscaines qui étaient aussi dans notre quartier. Je les regardais confectionner des robes de sœurs et j'ai dit à maman : « Je ne veux pas faire des robes de bonnes sœurs toute ma vie. » Et elle de me répondre : « Ça te servira toujours quoi que tu fasses. » Ce qui m'a amenée à préparer et à passer avec succès mon Brevet industriel de coupe et de couture. En mon cœur, toutefois, je rêvais d'être infirmière pour soigner les gens.

J'ai été certaine de ma vocation religieuse jusqu'à dix-sept ans. J'ai alors rencontré à la JOC (Jeunesse ouvrière chrétienne) un jeune homme et je dois dire que j'ai pensé un moment me marier et avoir des enfants. Au bout d'une année où nous avons beaucoup parlé, j'ai eu la certitude que ce n'était pas mon chemin. J'avais reçu un appel plus large que celui de fonder une famille.

Fonder une famille est un appel évidemment très large ! J'aurai à deux reprises dans ma vie – une fois pendant mon enfance en tant qu'aînée, puis, plus tard, je vais vous le raconter – une expérience concrète de veille d'enfants et d'adolescents au jour le jour. Choisir la vie religieuse n'était donc pas dans mon esprit quelque chose de très « supérieur » à la vie de famille. Ce sont deux voies totalement complémentaires.

En formation de couture à Valenciennes, j'avais encore approfondi ma foi en m'engageant davantage avec les « Enfants de Marie » accompagnée par les sœurs de la Sagesse. Quant aux franciscaines oblates du Sacré-Cœur de Jésus, ma congrégation, je les ai connues par une sœur infirmière qui venait soigner papa à la maison. J'étais aussi très attirée par les sœurs de Charles de Foucauld. Mon premier but était de me donner tout entière à Jésus-Christ. Non par le « faire » mais par « l'être ». J'aspirais vraiment à un amour sans partage. Ce qui m'attirait chez Foucauld était la dimension contemplative. Je ne connaissais pas encore les clarisses. Mais j'étais toujours en tension car j'aimais aussi beaucoup l'action.

Une fois mon Brevet industriel en poche il a fallu que je me mette au travail. J'ai commencé par de la confection à domicile. Puis j'ai trouvé une place de vendeuse retoucheuse dans un magasin. On nous exploitait littéralement. Il n'y a pas d'autre mot : sans horaires, il fallait tout faire, le ménage, les corvées. La qualification et le diplôme ne comptaient pour rien…

De toute façon ma vie était ailleurs. Je me destinais au Christ et non à la couture. Un souvenir me fait encore vibrer : partir au premier rassemblement international de la JOC à Rome en 1957 autour du pape Pie XII. J'avais dix-sept ans. Le rassemblement aurait dû avoir eu lieu en 1939. Il fut reporté, et pour cause, à des jours meilleurs. Rome ! J'ai alors découvert l'Église universelle. C'était grandiose : voir le pape, même de très loin, assis sur sa *sedia gestatoria* – fauteuil porté par des hommes – pouvoir partager avec tant de jeunes qui étaient déjà marqués par la vie du travail et qui sortaient encore de la guerre toute proche. Tous l'avaient connue. On ne réalise plus aujourd'hui le poids de ce traumatisme sur l'Europe et la chance exceptionnelle procurée par un tel rassemblement. Après ce séjour et un long retour en train, je suis rentrée totalement confirmée dans ma vocation : je serais religieuse.

Je choisis alors les sœurs franciscaines que je connaissais puisque ma cousine Thérèse m'y avait précédée six ans auparavant. Elles alliaient la vie de prière et le métier d'infirmière. J'allais peut-être enfin pouvoir troquer mes aiguilles de couturière pour des aiguilles de soignante ! Douloureuses – qui aime les piqûres ? – mais pour le bien et pour la santé ! J'ai donc commencé à cheminer sérieusement avec les sœurs résidentes à Raismes puis je suis partie à Nantes pour l'entrée au noviciat.

Le 30 janvier 1959 je quitte ainsi définitivement la maison. Et je fêterai mes vingt ans, le 23 septembre de la même année, au noviciat des sœurs franciscaines. Ce fut un arrachement cependant. Pour maman tout d'abord, elle avait besoin de moi mais c'était un honneur que le Seigneur appelle quelqu'un de sa famille. Donner un enfant au bon Dieu c'était tout pour mes parents qui étaient intimement catholiques. « Vas-y », m'a-t-elle dit simplement. Elle était totalement confiante de ma vocation tout en étant déchirée de voir partir celle qui était devenue l'aînée, après la mort de sa première fille. Elle savait que nous nous reverrions très peu. De fait, il faudra attendre la prise d'habit, soit six mois, avant que mes parents puissent me revoir, puis deux ans lors de ma profession religieuse.

« Vas-y. » À Nantes, je suis donc allée. À l'époque le noviciat était extrêmement strict. Nous étions une vingtaine de sœurs novices. Nous vivions en vase clos dans un monde qui n'était pas la vie réelle. Comme dans la vie monastique, on nous demandait de tout donner. Il ne fallait pas se parler. Tout était fondé sur l'obéissance et il faut le dire, sur une forme de dépendance pour toute chose. À table, on nous servait pour être sûr de ne pas nous laisser le choix. Nous n'avions strictement aucune initiative. Je n'étais pas malheureuse mais j'attendais de pouvoir sortir de cet univers de formation qui me paraissait trop fermé, trop étroit. Sur le plan de la formation justement, on ne nous parlait pas beaucoup de saint François d'Assise, pourtant notre inspirateur.

Un détail me contraria profondément. Je fus vraiment choquée de voir que ma bible personnelle que la JOC m'avait offerte en 1958, que j'avais lue, relue, et annotée, confisquée. Dans l'Église catholique et avant le Concile Vatican II, les religieuses ne devaient pas avoir accès à la Bible, aux textes de l'Ancien Testament notamment. Les Évangiles en revanche leur étaient accessibles. L'histoire sainte remplaçait cette source. Elle était pourtant précieuse, elle portait la Parole de Dieu ! J'avais tellement soif d'approfondir, je m'étais notamment plongée dans le prophète Isaïe.

J'en avais recopié des passages entiers dans mes carnets : « Ne crains pas, car je suis avec toi ; ne guette pas anxieusement, car je suis ton Dieu. (...) Voici mon serviteur que je soutiens, mon élu, que préfère mon âme. J'ai mis sur lui mon esprit (...) il ne crie pas, il n'élève pas le ton (...) il n'éteint pas la flamme vacillante (...) Moi, Yahvé, je t'ai appelé dans la justice, je t'ai pris par la main et je t'ai formé (...) pour faire sortir de prison les captifs et du cachot ceux qui habitent les ténèbres. » Quoi de plus beau que ces versets inspirés du prophète dans Isaïe 42 ? On a heureusement retrouvé l'accès à ces extraordinaires textes depuis le Concile Vatican II (1962-1965). J'aimais aussi beaucoup saint Jean, l'évangéliste, le contemplatif.

Après mes vœux temporaires j'étais jeune professe. J'ai commencé à la clinique Saint-Damien à Nantes. Elle appartenait à la congrégation où nous étions formées à l'accompagnement des malades comme aides-soignantes. Ce furent deux années de bonheur. J'étais enfin au service des malades. Je me donnais à fond, sans jamais compter et toujours au-delà de mes forces. C'était un service d'orthopédie. Il fallait souvent porter les patients. Cela n'a pas arrangé mon dos qui était fragile. Je n'y prêtais pas attention. Je ne disais rien. Nous avions aussi une vie de prière intense, très cadrée, comparable à une vie monastique avec tous les offices. Nous passions de la chapelle à la clinique et de la clinique à la chapelle. C'était bien ainsi. J'accomplissais un rêve.

Au terme de ces deux années je suis entrée – en habit de religieuse – à l'école d'infirmières de Nantes. J'ai beaucoup aimé, pour ne pas dire que j'ai adoré. Littéralement passionnée, j'étudiais tard le soir à la lumière d'une chandelle. Ce qui était interdit. Je me suis donc fait ramasser à plusieurs reprises par ma supérieure ! C'était un monde. On se déplaçait en mobylette avec notre habit religieux sans casque mais coiffées d'une cornette ! C'était courant dans la congrégation puisque beaucoup de sœurs donnaient des soins à domicile : les mobylettes et les solex ne manquaient pas, c'était une nécessité apostolique. Le dimanche, jeunes sœurs, nous étions immanquablement de vaisselle. Ce qui nous laissait peu de temps libre.

Mon diplôme d'infirmière en poche – nous sommes en 1965 –, je suis affectée à la clinique Saint-Raphaël, dans le service de chirurgie générale et orthopédique, à Paris, dans le 15e arrondissement près de la paroisse Saint-Lambert. Je prononce mes vœux définitifs en mai 1967. J'ai vingt-huit ans. Nous travaillions alors sans relâche au service des malades. On riait toutefois beaucoup : il y avait une très bonne ambiance entre sœurs, et cela détendait les patients. En retour, l'échange avec eux était une vraie source de bonheur. Le service et les gardes s'enchaînaient et on ne sortait pratiquement jamais de l'établissement. Nos récréations se déroulaient dans le jardin de la clinique. J'avais le sentiment d'accomplir totalement ma vie. Au service de Dieu et au service des autres. Je ne pouvais être plus comblée.

Seulement la fragilité de mon dos se fit sentir, j'avais des lombalgies, puis la sciatique. Comme il ne fallait jamais se plaindre, on mettra deux années avant de me prendre au sérieux. Ce qui conduisit tout de même à une première intervention chirurgicale à la colonne vertébrale en février 1968. Puis à une seconde, en juillet de la même année. Du coup je n'ai pas vraiment eu le temps de voir mai 68… On sentait bien qu'il y avait du remue-ménage dans Paris nous étions un peu informées. En 1969 les douleurs sont toujours là. Je dois porter un corset plâtré. Cela ne s'arrange pas. Je dois passer l'année 1970 allongée à l'infirmerie de la maison mère à Nantes.

Doucement mais sûrement, vagues de douleurs après vagues de crises, mon rêve se brise. Je suis plus que jamais décidée à me battre pour guérir et revenir au service de mes chers malades. J'ai l'espérance de m'en sortir. Mais il me faut comprendre que mon épreuve est là. Je ne suis pas révoltée pour autant. N'ai-je pas donné ma vie et même « tout donné » ? Il y a donc encore pas mal de rires mais beaucoup de larmes… À trente ans, la maladie, sérieuse, douloureuse, c'est dur. Être religieuse ne la rend pas plus facile. Il faut accepter l'inacceptable. À l'espérance de guérir je m'accrochais donc comme à un rocher. Ou plutôt comme à une digue contre une mer sournoise, la maladie, qui m'aspirait inexorablement.

Il se trouve que ma plus jeune sœur, Monique, entrée dans ma congrégation dès l'âge de quinze ans, était égalcment tombée gravement malade. Elle était atteinte d'une collagénose, c'est une dégénérescence des tissus, sur laquelle se greffe une tuberculose. Diplômée infirmière, elle avait dû être arrêtée comme sa grande sœur… Monique, très spirituelle, âme contemplative, avait désiré rejoindre le carmel mais cette maladie l'en avait empêchée. C'est donc dans ma congrégation qu'elle fit ses vœux définitifs.

Nous nous sommes ainsi retrouvées en 1970 à l'infirmerie de la maison mère à Nantes. Deux sœurs, deux religieuses, deux malades… Mais ce ne fut pas très long pour elle. Elle va mourir, à vingt-quatre ans, le 15 mars 1971.

Pour moi c'est une sainte. Elle était déjà très proche du Seigneur. Je suis incapable de vous dire combien elle m'a apporté tellement elle respirait la bonté et la sérénité de Dieu. Elle était d'ailleurs plus carmélitaine que franciscaine. Ses références spirituelles, c'étaient saint Jean de la Croix, sainte Thérèse d'Avila. Elle aimait aussi méditer le prophète Isaïe. Elle passait volontiers des heures devant le Saint-Sacrement dans la chapelle. Il ne fait pas de doute qu'elle doit être au ciel.

Mais elle était aussi une vraie fille de saint François. Elle avait apprivoisé, on ne sait pas comment, un oiseau qui se posait sur elle sans aucune peur. Elle lui parlait. Elle pouvait s'endormir et « Fifi », comme elle l'appelait, veillait sur son épaule. Il la retrouvait toujours quand elle sortait. Quelques mois avant sa mort, le jour de la Saint-François-d'Assise, elle avait écrit la belle histoire de son oiseau. Ce jour-là, elle a dû lui confier qu'elle allait partir pour toujours. « Fifi » l'oiseau n'est plus jamais revenu.

Tout ce qu'elle disait ou écrivait était très spirituel. Elle m'a donc beaucoup aidée à accepter et à vivre la maladie. Elle était une école d'abandon. Elle était un guide pour la contemplation, la lecture de la parole de Dieu dans la Bible. Elle n'était d'ailleurs jamais sans sa petite Bible, le Concile Vatican II était passé par là ! Le port de Bible par une religieuse était désormais autorisé ! Ma sœur Monique a vraiment fortifié ma foi. Elle m'a élevée. Elle a calmé mon tempérament actif. « Tu sais bien que ce n'est pas l'activisme qui compte », répétait-elle. Elle m'a vraiment fait découvrir « le chemin ». Sa messe d'enterrement fut une messe de résurrection où abondaient d'une source invisible la paix et la joie profonde, celle de la certitude de la Vie éternelle et de la rencontre avec Notre Seigneur. Elle avait préparé elle-même sa messe de sépulture. Elle avait composé un chant pour la circonstance. Je vais le partager avec vous parce qu'il dit tout sur elle et qu'il m'a beaucoup portée. Il est bouleversant. J'avais eu la grâce de le chanter avec sa force.

« Je m'en vais, je passe la rivière,
je m'en vais, je suis sûre de mon pas.
Je m'en vais, je quitte notre terre,
je m'en vais, surtout ne pleurez pas.
J'ai vécu des jours pleins de lumière,
j'ai vécu des jours perlés de joie.
Je m'en vais, je quitte notre terre,
je m'en vais, surtout ne pleurez pas.
En moi mon espérance est si claire,
que mon cœur est rempli de chants de joie.
Je m'en vais vers mon Dieu, vers mon Père,
je m'en vais vous chantez avec moi. »

Sans le chercher ni le vouloir, elle a rayonné sur la communauté comme un trait de lumière. Mais son départ fut synonyme d'écroulement pour moi. Ce fut également terrible pour mes parents. Je revois encore maman qui ne pouvait pas se décrocher de son cercueil. Quant à mon frère Michel il était fou de chagrin. Dieu sait que j'avais prié pour la guérison de Monique… Je n'ai pas été exaucée.

Mais j'ai entendu et j'entends encore l'extraordinaire prière qu'elle a composée pour moi le jour de mon anniversaire, le 23 septembre 1970, six mois avant sa mort. Ce texte exprime toute sa profondeur. Il m'était spécialement destiné mais il est pour tous. Je le garde comme un testament spirituel. Ce serait non pas dix mais quatre commandements. Ou mieux, quatre béatitudes. Je suis profondément heureuse de pouvoir vous offrir ce diamant.

Le voici. Elle l'avait écrit au dos d'une carte de sa petite écriture ronde et à l'encre bleue :

> « Sois simple et pauvre, sans envier personne, fais silence et marche en hâte, le cœur tourné vers le Seigneur.
>
> Sois docile et disponible de cœur et tu obtiendras grâce pour grâce, comme Marie, avec la plénitude du Christ.
>
> Sois pure du fond de l'être pour découvrir en chacun la présence créatrice du Seigneur.
>
> Sois belle ! Le Roi désire ta beauté. C'est Lui ton Seigneur. Patient, il attend ton Amour.
>
> Que cette année te soit féconde en grâce.
>
> Unie dans le Christ.
>
> Le 23 septembre 1970. Sœur Monique. »

Après quelques mois, je franchis enfin le seuil de l'infirmerie vers la sortie cette fois. Une fois dehors je ne m'en sors pas pour autant. C'est crise sur crise. Je dois souvent me tenir allongée. La souffrance est telle que je revois mon chirurgien en 1972. Bizarrement il me conseille de « ne plus penser » à la douleur et de prendre l'air des montagnes. On s'apercevra plus tard qu'il n'avait pas vu la protubérance discale qui existait au niveau de la colonne. Il avait donc raté la deuxième opération de 1968. Je n'ai jamais voulu le revoir. Je pars en maison de repos à Saint-Gervais-les-Bains. Là je trouve enfin un médecin qui me prend au sérieux. Il m'oriente vers un chirurgien du centre des Massues à Lyon. De nouveau on me coule alors un corset de plâtre mais rien n'y fait.

En juillet 1973 une troisième opération est décidée. On diagnostique une inflammation des racines nerveuses, une affection qui ne guérit jamais. Deux années de douleurs s'ensuivent. Une quatrième opération est tentée en 1975 avec une greffe lombaire. Je repars pour le port d'un corset de plâtre pendant neuf mois puis d'un corset en plexiglas. Cela s'améliore un peu. Toutefois les douleurs sont chroniques. Je dois faire avec.

Ne pouvant plus soigner des malades, malade moi-même et souvent épuisée par la violence des douleurs de la colonne vertébrale avec sciatique en particulier, il me fallait réinventer en quelque sorte ma vocation religieuse. Bien sûr ma sœur Monique m'avait appris que l'activisme n'était pas le fin mot de la vie et encore moins de la vie spirituelle. Mais il m'était impossible de tourner en rond. J'ai alors vécu un certain temps dans une de nos fraternités, à Saint-Saulve dans le Nord, ce fut un temps de maturation.

Avec une religieuse qui était quasi ma jumelle puisque nous étions nées avec un jour d'écart, nous avons alors réfléchi à un nouveau genre de fraternité franciscaine où des religieuses et des laïques pourraient vivre une vie de contemplation et d'accueil. Nous avons mûri le projet dans la congrégation et avons lancé cette expérience le 18 juin 1977, à Chelles, dans la banlieue parisienne, avec Annick, une religieuse, et Yolande, une laïque. Nous avons vécu là en accueillant les pauvres en quantité, des SDF, des enfants de familles à problème, le week-end notamment. Beaucoup de jeunes aussi qui cherchaient un sens à leur vie. Compte tenu de mon état de santé, je demeurais en permanence à la fraternité quand les deux autres travaillaient à l'hôpital. C'était assez innovant pour une vie religieuse.

Des jeunes de l'aumônerie venaient régulièrement à la fraternité, pour des soirées « partage d'Évangile » ou des soirées de chants et de guitare. C'est là que j'ai connu Brigitte, originaire de Chelles, puis Annie. Elles nous ont ensuite rejointes dans la Congrégation. D'autres ont vécu un temps de discernement et se sont orientées vers le mariage ou le célibat.

Malgré le corset et les tonnes de médicaments antidouleurs que je prenais, je garde de grands souvenirs de cette période. Les Noëls notamment ! Nous organisions un repas de Noël avec tous les SDF du coin. Nous étions jusqu'à trente autour d'une table improvisée sur des tréteaux mais quelle joie ! Je souffrais mais je jouais de la guitare, alternant le port du corset et les infiltrations. J'étais tellement passionnée par la vie que j'arrivais à surmonter mon état physique. Je suis même partie à Vézelay en pèlerinage avec un groupe de jeunes, avec un corset plâtré au volant d'une vieille 4 L ! Et par la suite ce sera un pèlerinage à Assise avec cette même 4L et une remorque avec tout le matériel de camping ou des camps de jeunes à Tamié. Pour Dieu, je ne reculais devant rien. C'était fou mais quel enthousiasme ! Le service des jeunes gagnait sur la peine.

Dix ans plus tard la partie adverse, la maladie, regagne toutefois sur l'enthousiasme. En 1987 une nouvelle aggravation de mon état de santé apparaît avec une atteinte neurologique pluri-radiculaire. Le neurologue me met en invalidité, car de fait j'ai très mal et par moments je manque de sensibilité et il m'arrive de tomber. On donne l'artillerie lourde : renforcement du traitement antidouleurs et immobilisation de la colonne par corset…

Vu la situation, je demande en 1990 de pouvoir tenter une expérience de vie contemplative dans un monastère de Clarisses, à Tinqueux, dans la Marne. Une sorte d'année sabbatique pour faire le point, une démarche normale. Cela se passe bien mais je ne peux y rester que trois mois parce qu'un drame survient dans ma propre famille.

Le mari de ma sœur Cécile était décédé d'une crise cardiaque en décembre 1988. Il était agriculteur et laissait cinq enfants encore jeunes. Ma sœur a eu beaucoup de mal à supporter le choc. Elle est tombée gravement malade. Ce fut à nouveau une déchirure terrible. Et que dire pour les enfants. Ils avaient perdu leur père, maintenant, c'était leur maman qui était hospitalisée. L'aînée faisait ses études à Lille, elle ne pouvait donc pas s'occuper des plus jeunes à ce moment-là. Moi, j'étais handicapée, religieuse non cloîtrée mais relativement disponible. De plus j'étais marraine de l'une d'elles. Le chemin était clair…

J'arrête donc mon année sabbatique. La congrégation m'accorda une sorte de disponibilité pour faire face à cette situation, venir en aide aux enfants et accompagner ma sœur malade. À la même époque, maman se dirigeait vers sa fin de vie suite à une rechute de cancer. Je l'ai donc accompagnée avec mes frères jusqu'au bout de son calvaire. Elle est partie vers le Seigneur en 1991.

C'était lourd à porter tout cela, mais jamais je n'ai compté ma peine, j'allais jusqu'au bout du don par amour. C'est ainsi que je suis restée auprès de la famille pendant sept ans. J'ai fait ce que j'ai pu et du mieux que j'ai pu, avec des adolescents marqués par ce qu'ils avaient vécu. Je ne peux rien dire de plus par respect pour eux et ce qu'ils sont aujourd'hui. Simplement, j'ai vu ce que c'était concrètement d'élever une famille et des grands enfants dans la difficulté morale. Heureusement, ils avaient une grande force de caractère héritée de leurs parents. Je tenais ma vie de prière et ma vie de religieuse comme je pouvais, notamment en participant à un groupe de prière charismatique à la paroisse.

À la douleur morale s'ajoutait toujours la lancinante douleur physique. La maladie, inexorable, accomplissait son sinistre travail dans mon corps. Il fallut me poser un neuro-stimulateur sur la colonne vertébrale en 1992 pour soulager les douleurs des jambes. Puis passer à la morphine en 1994. Pendant toute cette période hors norme, une bouée de sauvetage fut néanmoins à côté de la prière, la musique et la peinture d'icônes, apprise à Chelles avec un iconographe russe que connaissait une sœur dominicaine. Quand les enfants furent tirés d'affaire, ils prirent en charge leur maman et j'ai pu retourner à ma vie religieuse. C'était en 1997.

Comme je l'ai raconté dans les précédents chapitres, j'ai alors bénéficié d'une période de rémission inattendue suite à une prière de guérison charismatique. Ce qui m'a permis, avec l'autorisation de ma congrégation, d'entrer chez les sœurs clarisses de Paray-le-Monial pour faire une nouvelle expérience car j'étais toujours en recherche de vie contemplative.

Après deux mois d'essai j'ai demandé à y rester. J'étais profondément heureuse en ce lieu où j'avais trouvé mon chemin. Après une année de postulat je prenais, le 2 février 1999, l'habit de clarisse. Quelle joie ! Toutefois je ne me doutais pas de ce qui allait encore arriver. Suite à une chute, la maladie a repris le dessus avec des aggravations neurologiques et une série d'hospitalisations. Je ne les comptais plus. En plus de la morphine et de l'appareillage je devais passer, cette fois, aux auto-sondages pour uriner. J'étais toujours chez les clarisses mais je passais mes journées allongée à l'infirmerie.

Les épreuves continuent… Quelques semaines plus tard, le jour du Vendredi Saint 1999, j'apprends la mort brutale de ma petite sœur Cécile, la maman des cinq enfants que j'avais accompagnés. Coup de poignard dans le cœur… Ma douleur est immense. Impossible à décrire. Sans la grâce de Dieu je n'aurais pas résisté. Pire je n'étais pas en état de faire le voyage pour être auprès d'eux. J'ai préparé la sépulture avec les enfants par téléphone. Quelle douleur, oui quelle douleur. Elle avait tant souffert qu'elle ne pouvait qu'être au Ciel. J'en étais certaine. C'était ma consolation. Elle avait retrouvé au Ciel son époux qu'elle avait tant aimé.

Les mois passent. Malade, je suis cloîtrée à l'infirmerie de nos sœurs clarisses et vient le temps du discernement avec le monastère et ma congrégation. Je ne pouvais pas en effet commencer une deuxième année de noviciat dans ma situation. J'ai dû être rapatriée à l'infirmerie de ma congrégation de franciscaines à Nantes le 2 février 2000.

L'échec des clarisses, ce nouvel appareillage, la mort de Cécile, ses enfants orphelins de père et de mère m'ont alors précipitée dans une profonde dépression, moi qui étais pourtant toujours battante et gaie. Mais c'en était trop. J'offrais totalement ma vie et ma misère au Seigneur mais je n'en pouvais plus. Je n'avais plus la force d'avancer. Cela aussi je Lui donnais mais j'y parvenais à peine.

Être passée par une telle baisse de moral, n'avoir eu le goût de rien, avoir connu la déprime m'ont appris à ne jamais juger qui que ce soit. Les « burn-out » si courants aujourd'hui ne sont pas du flan. Parfois le corps ne suit plus. La volonté, elle aussi, peut tomber en panne sèche. Rien à faire, plus moyen d'avancer. J'écris cela non pour me plaindre mais pour transmettre un message à ceux qui ne sont pas bien dans leur cœur ou dans leur tête. Je prie pour eux. Ne désespérez pas. Il y a toujours une petite lueur au bout du tunnel. C'est elle qu'il faut regarder, même vacillante, il y a une petite lumière. Regardez bien. S'il vous plaît.

Je suis alors prise en charge par le CHU de Nantes et son centre antidouleurs. La dégradation continue. En 2005 c'est mon pied gauche qui entre en paralysie et qui se déforme en équin. Je dois alors porter une prothèse pour le contraindre à se tenir droit. Marcher m'est de plus en plus pénible, mon périmètre d'autonomie se réduit de plus en plus. Passant de l'infirmerie de la congrégation au centre antidouleurs, j'occupe mon temps par la prière, la peinture et la musique. À mon retour à Nantes en 2000, les sœurs m'avaient offert une cithare. La douceur de cet instrument et la beauté de l'icône étaient ma façon de participer à la prière de ma congrégation et de trouver ma place parmi mes sœurs. Ce fut une forme d'antidouleurs qui ne calmait rien physiquement mais qui apaisait psychologiquement et spirituellement. Je sortais petit à petit du trou noir.

Mais les épreuves se succèdent… J'apprends que mon frère Michel, celui de qui je suis l'aînée de cinq ans, est atteint par un cancer. Il est opéré du poumon en 2001 puis du larynx en 2005. Malgré sa volonté de s'en sortir, la maladie a le dessus et il part à son tour vers le Ciel le 2 mai 2006. Quel chagrin pour moi. C'était le quatrième de la fratrie qui nous quittait. Des six il ne restait plus que Georges, le petit dernier, et moi, l'aînée. Pourquoi ?

Pourquoi Seigneur ?

Cette fois, trop c'est trop. Je n'en peux plus. Et pourtant, je le dis à ceux qui sont désespérés que l'être humain recèle en lui des forces qu'il ne soupçonne pas. Croyez-moi, j'en ai fait l'expérience. Dans la foi, je m'accrochais à la Croix de Jésus. Je regardais Marie debout au pied de la Croix. Mais je vous fais cette confidence : je n'avais plus en réalité que mes larmes pour prier… Oui, c'est vrai. Croyez-moi. Les larmes peuvent devenir prière. Il ne faut pas les cacher. Elles ne sont jamais vaines.

Après ces lourdes aggravations, à cause du deuil de mon frère qui ressemblait à la goutte de trop et puisque mon état était relativement stationnaire, ma responsable générale me proposa de quitter l'infirmerie de Nantes et de m'installer à la fraternité de Bresles près de Beauvais. Je devais y rendre service pendant trois à quatre mois en m'y occupant de l'accueil. J'arrive donc en Picardie le 8 décembre 2006. J'y vis toujours. Et c'est là, allez savoir pourquoi, que le docteur Fumery m'a prise en charge. C'est lui qui m'a proposé de faire le pèlerinage de Lourdes en juillet 2008 qui m'a fait passer de ma vie d'avant à ma vie d'après. Tout est Providence, tout est grâce. Oui, Dieu est bon.

Chapitre VI

À toi qui désespères

Nous approchons du cœur de la centrale nucléaire. De l'histoire dans l'histoire. Non pas du secret, car il n'y en a pas, mais du noyau qui a toujours brûlé ma vie avant, anime ma vie nouvelle et assurera, je l'espère, ma vie future et ma vie éternelle au Ciel. Ce centre nerveux, je ne vous l'ai pas caché, c'est ma foi, mon espérance et l'amour que j'essaie de donner aux autres que l'on appelle la « charité ». Foi, espérance, charité sont les trois piliers de ma vie de femme et de religieuse. Je ne sépare aucune de ces dimensions, c'est tout un. Je vais essayer de vous en parler de façon vivante, sans vous asséner un catéchisme ou une morale mais ce sera clair, sans ambiguïté. Ne rien vous dire serait vous mentir et me mentir à moi-même. C'est le fondement de ma vie. J'espère que ces lignes aideront ceux qui désespèrent ou qui doutent.

« Je vous annonce la couleur, je suis chrétienne, catholique convaincue. » Je vous avais prévenus dans les premières pages de l'ouvrage. « Catholique » ne signifie pas « fermée ». Mais cela ne veut pas dire sans consistance. La vie chrétienne n'est pas une théorie, une hypothèse, une construction mentale ou affective. C'est une vie avec ses à-coups, ses impasses,

ses sommets, ses évidences, ses rencontres, ses joies et ses peines. La vie est imprévisible, elle est incarnée. Elle réserve des drames et des merveilles. Vivre en catholique n'est donc pas un programme chrétien que j'appliquerais à la lettre. C'est avant tout une belle histoire d'amour.

Là nous sommes à peu près d'accord. L'incompréhension pourrait commencer si je vous confiais que mon histoire d'amour c'est Jésus, le Christ. C'est Marie, sa mère. Beaucoup ne supportent pas ce langage. Ils considèrent cela comme de « vieilles histoires ». Et pourquoi pas, proférées par de « vieilles badernes » que ma génération et moi-même serions devenues ! J'accepte l'objection. Je la comprends. Je ne suis pas sûre pourtant que le christianisme soit dépassé ou « has been ».

Le catholicisme souffre d'une image jaunie. Il serait non seulement obtus mais cramoisi comme un vieux rideau délavé par le soleil. Mais tant mieux si ce tissu a perdu ses couleurs d'apparat. Elles étaient peut-être superficielles. En revanche, le christianisme profond, tel que l'Église catholique comme d'autres Églises chrétiennes tentent de transmettre de génération en génération à des millions et des millions de personnes sur terre, lui, est toujours vivant. Il est jeune, vert, ultra-dynamique, subversif. Sauf qu'il n'habite pas dans les structures de l'Église comme le dit si bien le pape François mais dans les cœurs. C'est bien là que tout se joue. Si vous avez des a priori négatifs contre l'Église catholique, c'est donc sur ce terrain du cœur que nous pouvons certainement nous retrouver.

Car le langage du cœur est vrai. Il parle à tous, de toutes conditions, cultures, langues. Il est universel non parce qu'il veut atteindre les « extrémités de la terre » comme a demandé le Christ aux apôtres mais parce qu'il atteint, sans mot dire, humblement, les extrémités du cœur de chacun. Quel qu'il soit, quels que soient son apparence, son passé, son état et son style. La question n'est jamais de juger ou de jauger la personne. La question est de lui faire goûter la douceur de la miséricorde divine. Là aussi c'est un cheval de bataille du pape François. Il veut faire comprendre au monde que le christianisme ou le catholicisme n'est pas une instance morale mais une instance d'amour. Que sa mission est de communiquer au monde les « secrets » du Père éternel, entendez Dieu.

Dieu n'est pas l'expert-comptable de nos péchés qui les retiendrait sur un grand cahier pour nous fermer, ou nous entrouvrir avec méfiance les portes du paradis ! Il est plutôt un blanchisseur, si vous me permettez cette réduction. Oui, Dieu lave. Il nous lave de nos noirceurs, misères, petitesses que nous ne connaissons que trop. Et il lave gratuitement et à fond. Il nous pardonne dans l'instant sans rien nous demander en retour. Sinon de reconnaître nos péchés, d'accepter d'être fils, de le reconnaître comme Père, non pour nous soumettre sous la férule d'un tyran mais pour nous baigner dans son Amour et nous faire avancer. Dieu n'instaure pas avec nous une relation de dette, de comptes à rendre, mais de don, de gratuité.

Reconnaître ses péchés, comme je vous l'ai raconté dans le premier chapitre où, pèlerine à Lourdes, je me suis confessée auprès d'un prêtre, n'est donc pas une entreprise de culpabilisation. Encore moins une fabrique de mauvaise conscience ou d'humiliation ! C'est une œuvre de réconciliation, donc de libération, fondée sur la reconnaissance de ce que nous sommes vraiment, en vérité, pas en surface. Le prêtre n'est pas alors l'homme qu'il est avec toutes ses limites, ses péchés lui aussi, mais il représente Jésus, son cœur ardent et aimant. Le prêtre a reçu de l'Église le pouvoir d'« administrer le pardon ». Cette expression paraît rigide mais elle montre que le pardon de Dieu nous est acquis mais il ne peut pas s'appliquer si nous ne faisons pas un premier pas ou si nous le refusons. Le pardon demande un examen de conscience, le regret de ce qui n'a pas été dans nos vies et la décision ferme de s'améliorer. Il n'empêchera peut-être pas de recommencer mais il empêche de s'accoutumer au mal et de poursuivre le bien. Ce sacrement de la confession s'appelle d'ailleurs aujourd'hui le sacrement de la réconciliation.

Il nous permet de nous trouver nous-même, de nous retrouver en fait, dans ce que nous sommes profondément, dans le meilleur de ce que nous sommes. Pour être, par conséquent, plus agréable aux autres. C'est ce que l'on ne comprend pas dans le catholicisme. On croit que c'est une religion de l'empêchement, de la frustration alors que c'est une religion de l'épanouissement. Ah je sais… cette religion charrie ses trop nombreux contre-exemples, chez les fidèles, chez les prêtres, les religieux, les religieuses. Mais le christianisme est la foi des pécheurs pardonnés. Ce n'est pas une religion d'élite. Elle commence par le bas. Le Christ commence par laver les pieds de ses disciples.

Dans ce lavement de nos misères, dans ce lavement de soi par Dieu, il n'y a pas d'autres programmes que ce mot, Amour. Amour de Dieu, Amour des autres. Et Amour de soi, au bon sens du terme, car on ne peut aimer les autres en se méprisant soi-même.

En effet, Dieu aime le « juste ». Pas le juste milieu millimétré ou soupesé, uniformisé. Dieu a horreur du standard, du prêt-à-penser ou du prêt-à-aimer. Le « like » de loin, en frôlant du doigt un écran connecté, n'est pas son genre ! Dieu aime chaque personne concrètement, telle qu'elle est. À commencer par ses défauts. Oui, vous avez bien lu. Dieu n'aime pas l'uniformité mais la difformité. Parce qu'il aime chacun en particulier. Et il veut pour chacun le « juste » pour cette personne-là, unique, avec ses qualités et ses défauts. Pas comme une juste mesure mais comme une dynamique de vie. Le « juste » de Dieu, c'est l'épanouissement de chaque personne. Non dans le « développement personnel » si à la mode et basé sur l'application de techniques.

Avec « le juste » pour chacun, Dieu chérit aussi « la justice » pour tous. Ce n'est pas une option politique ou idéologique. La Bible est farcie de ce mot. La spiritualité n'est pas seulement verticale mais horizontale. La justice est pour la société ce que le juste est pour l'individu. Dieu veut une société épanouie, où chacun, du plus petit, du moins doué, du plus pauvre, au plus grand, au champion en passant aussi par le moyen, le neutre, ait sa place, toute sa place. Le tout dans une forme d'harmonie fondée sur le respect de l'autre, l'aide de l'autre, le don de soi. Encore une fois je ne suis pas théologienne mais le mot « harmonie » serait peut-être le qualificatif le plus adapté pour dire ce que Dieu veut pour nous-même et pour la société.

Je vous raconte cette vision chrétienne des choses parce qu'il n'y a rien d'autre derrière le côté spectaculaire de ma guérison. Elle est le signe d'un Amour fou du Créateur pour sa création, qui respecte l'homme dans sa liberté de lui dire oui ou non. À grands coups de crayon, j'ai dessiné une esquisse de ce que pourrait être vraiment Dieu et non sa caricature dont trop de personnes, à juste titre, se sont dégoûtées. Moi aussi qui vous parle, religieuse et désormais « miraculée », je suis dégoûtée comme vous de ces caricatures de Dieu.

Ce n'est pas un Dieu vengeur qui est venu en moi le 11 juillet 2008, ou un Dieu manipulateur. Ce Dieu méchant n'existe pas. Au contraire Dieu est un souffle, chaleureux, réparateur, recréateur, aimant, adorant, suppliant, aidant, humble dans sa grandeur, puissant dans son Amour, fidèle par-dessus tout. Ce Dieu dont le visage est Jésus n'attend que notre « oui ». Non pour nous piéger mais pour nous libérer. Dieu est pauvre, il attend tout de nous.

Personnellement je lui ai dit oui, et il y a longtemps, j'étais enfant. Adulte je me suis « mariée » avec Lui en m'engageant comme religieuse, ce qui revenait à lui « donner » ma vie. « Donne-moi tout », ai-je souvent entendu en mon intérieur. Car Dieu parle, rarement, mais il parle à celui qui l'écoute. Cette fois vous allez me prendre pour une folle. Une Jeanne d'Arc qui aurait des « voix » ! Non… Dieu parle en silence dans le cœur-à-cœur de la prière. La grammaire de sa langue est simple, c'est la langue du cœur.

Entrer en religion n'est toutefois pas « la » voie unique. Il y a de multiples chemins pour chercher, rejoindre et trouver Dieu. Être religieuse permet de s'y consacrer à temps plein si je puis dire. Même après des années de vie religieuse où j'ai connu l'engagement apostolique, le soin des malades en particulier, la vie contemplative au monastère des sœurs clarisses et la vie de malade chronique, je n'ai pas de leçons à vous donner. Plus on avance, plus notre foi est nue. Je suis toujours une débutante de Dieu ! Plus j'avance d'ailleurs plus la recherche de Dieu me paraît à jamais inachevée. C'est l'affaire d'une vie. Et encore, une vie n'y suffirait pas. Sans compter qu'il y a la Vie après la mort. La Vie éternelle, j'y crois fermement. Je suis donc et serai toujours une chercheuse de Dieu.

Est-ce qu'il me serait arrivé de douter de Dieu ? J'avais été frappée de lire que Mère Teresa avait connu une longue nuit de la foi. Honnêtement, je n'ai rien connu de tel. Mais il m'est arrivé de douter non de l'existence de Dieu mais de Sa présence quand j'étais au fond du trou comme je vous l'ai raconté dans le chapitre précédent. J'ai éprouvé ce sentiment d'abandon, de lassitude, ressenti quand tout se ligue contre vous : « Seigneur, mais où êtes-Vous ? »

Pas une petite fatigue passagère. La lassitude profonde, la lassitude de vivre à ce point handicapée et harassée de douleur. Dois-je le confesser ici ? Pourquoi pas… Ce que je vais dire ici n'est pas pour m'exposer mais pour aider ceux qui sont saisis par cette tentation : oui il m'est arrivé de penser au suicide tellement c'était dur. Je ne serais jamais passée à l'acte. Jamais je ne me serais senti le droit de reprendre cette vie, même difficile, que Dieu m'avait donnée. Mais j'ai eu la tentation, ça, oui et je dois le reconnaître pour être vraie et pour vous montrer que la foi n'est pas une magie mais une grâce. Ce trouble, ce trop-plein, je l'ai ressenti devant des grands malades ou face à des situations terribles de la vie que je voyais chez les autres. Mais pourquoi ces épreuves, Seigneur ? Pourquoi eux ?

Je comprends donc de l'intérieur ceux qui sont comme des grabataires de leur vie ou de la société. Et je leur dis pourtant : « Regardez bien en vous. Sous le monceau de vos soucis, déceptions, désillusions et problèmes graves en tout genre, il y a une perle, quelque chose de positif, de beau, qui est aussi une part de vous-même. Ne vous réduisez pas à ce qui ne va pas en vous. Est-ce que ce grain de beauté intérieur, même s'il est tout petit, n'est pas un point d'appui pour déjà ne pas sombrer et commencer à poser un tout petit début de premier pas en dehors de la fosse ? Il y a toujours un début de chemin quelque part. Il ne faut jamais désespérer. »

Quand on me parle aujourd'hui d'une situation désespérée, j'essaie toujours de voir la petite lumière dans les fissures du drame et des ténèbres. Cette lueur existe, il faut la chercher, la redécouvrir, enlever la poussière grise qui la dissimule. J'aime l'image des bourgeons au printemps. Au début, ils sont insignifiants, minuscules. On les confondrait avec le bois de la branche. Et puis la force de la vie les pousse hors de leurs retranchements. Dans les situations extrêmes nous sommes empêtrés, rigides, épuisés, presque morts, comparables à une branche d'arbre de fin d'hiver. Nous ne soupçonnons pourtant pas la puissance de vie que nous avons sous l'écorce. Et la capacité d'un bourgeon de devenir une nouvelle branche. Aucune situation n'est jamais complètement noire. Il faut repérer les jeunes pousses. Voir qu'un redémarrage est possible.

Je sais, tout cela est facile à dire. Mais il y a aussi la prière. Je prie aussi pour la personne qui se trouve écrasée. Je la présente au Seigneur. Je demande à Dieu de la soulager, d'alléger ce fardeau. Ce n'est pas seulement de la « pensée positive ». C'est de la prière. J'implore Jésus, par Marie. Je sais qu'Il est attentif à toute souffrance. Que Marie, toute douce, peut consoler et arranger les situations les plus désespérées. J'y crois.

Je suis donc contre, vous l'aurez compris, toute tentative d'abréger la vie. Dans le nid du ventre de la mère comme au quatrième âge. Je comprends que l'on puisse se poser la question, c'est une tentation de notre monde techniquement puissant. Mais comment peut-on décider de se débarrasser d'une personne humaine ?

J'en suis d'autant plus convaincue que j'ai vécu moi-même cette expérience de « l'inutilité » apparente, d'être un poids, au sens physique et moral, pour mon entourage. Je serais bien incapable de vous dire aujourd'hui quel était le sens de mon handicap, pour moi et pour les autres ? La réponse nous appartient-elle ? La réponse appartient à Dieu. Mais nous, les hommes, nous n'avons pas le droit de décider pour Dieu. Parce qu'il y a quelque chose d'intouchable, de sacré dans la vie humaine.

Oh je sais, beaucoup de mes lecteurs ne seront pas forcément d'accord ! Comment l'exprimer autrement ? Ce que je dis là n'est pas une théorie mais une expérience concrète que j'ai vécue. En passant avec ma guérison de l'inutilité à l'utilité, de l'invalidité à la validité, j'ai compris que la vraie valeur de la vie n'était pas dans la capacité d'action, de production. Que le secret de la vie et du bonheur n'était pas dans le « faire » mais dans l'« être ». La vie diminuée ou handicapée, c'est malgré tout la victoire de l'être, c'est le chant de la création même défigurée par la maladie. C'est là une grande leçon pour la société. Jean Vanier qui a tellement remis en valeur la personne handicapée l'explique beaucoup mieux. La place qu'une société accorde à ses faibles est le grand critère, dit-il. Dis-moi quelle place tu donnes au plus petit, au plus inutile dans ta famille, dans ta cité, dans ton pays et je te dirai qui tu es…

On retrouve ici la belle et simple loi du cœur. Elle est la vraie loi de Dieu. Ma sœur Monique, entrée dans ma congrégation à l'âge de quinze ans et morte à vingt-quatre ans, m'a montré ce chemin. Elle a été une lumière sur ma route. Elle m'a fait avancer moi, la bouillonnante, l'activiste : « Tu vas te perdre dans l'activisme, tu vas passer à côté de l'essentiel », disait-elle. Elle avait raison. L'essentiel ? Il n'est pas dans notre utilité sociale mais dans notre être.

L'expérience hors norme que j'ai vécue m'a aussi conduite à vivre une autre conversion. Passer du faire à l'être, mais aussi passer de temps court au temps long. Moi l'impatiente, j'ai été franchement ralentie par le handicap et même clouée sur place. Plus de quatre décennies de maladie, ça calme, comme l'on dit. Même malade, on peut cependant toujours ronger son frein. Et puis vient l'heure de Dieu. Il ne prévient pas. Et dans l'instant, une fraction de seconde, il crée, il recrée. Je l'ai vécu sur le plan physique. On peut le vivre sur le plan psychique et spirituel quand on reçoit son pardon. On repart aussi à neuf. Gratuitement. Tout cela ne s'accomplit pas dans un processus ou selon un protocole préétabli. Mais l'éternité de Dieu semble agir dans la milliseconde. C'est Lui le maître du temps. Ce n'est pas un détail dans la vie spirituelle.

Quand on a compris cela, on trouve la sérénité. On est plus pressé ou impatient. On sait que l'heure qui passe est l'heure de Dieu. Il ne s'agit pas de lambiner pour autant ou de se précipiter mais cela change tout dans la vision des choses et de la vie. On se sent moins angoissé. On accomplit sa part, même petite, il n'y a pas d'exclu et Dieu pourvoit. C'est apaisant. Moi qui ai toujours été tiraillée entre l'action et la contemplation, je finis par trouver l'unité intérieure, donc la paix profonde, donc la joie profonde. Et ce qui m'unifie n'est pas une technique de développement personnel, c'est Dieu, c'est Jésus, c'est Marie. Dans la prière simple de remise de soi, de confiance totale en Lui, le maître du temps et de l'histoire.

Vous allez me dire, c'est très bien petite sœur, on vous aime bien, on n'a rien contre vous, mais nous, on ne croit pas en Dieu ! On ne va pas vous dire que ce sont des sornettes parce que l'on vous respecte mais, franchement on n'y croit pas à ces histoires de bonnes sœurs…

Merci de votre franchise. Je pense même que les plus croyants parmi nous ont, quelque part en eux, un fond d'incroyance précisément devant l'incroyable. Un miracle ? Incroyable. Oui, i-n-c-r-o-y-a-b-l-e. Même les apôtres, au temps de Jésus, étaient souvent incrédules alors qu'ils étaient aux premières loges et devant l'évidence. Je vous répète peut-être une troisième fois depuis le début du livre une phrase de ma sainte patronne Bernadette de Lourdes. Quand elle était assaillie de questions après les apparitions, elle répondait invariablement : « Je ne suis pas chargée de vous le faire croire, je suis chargée de vous le dire. »

Ce n'est pas une formule. Je la prends au sérieux. Je n'écris pas ce livre pour vous convaincre mais pour témoigner de la merveille dont j'ai été le sujet. Croyez-vous en effet que j'y sois pour quelque chose ? Non ! Je vous en parlerai dans le dernier chapitre en essayant de répondre à la question « pourquoi moi ? ». Je n'y suis pour rien. Comment pourrais-je adopter une position arrogante en vous disant, « moi, la miraculée, je vous dis que ! » ? Loin de moi cette attitude de certitude. J'ai écrit ce livre parce que beaucoup me l'ont demandé et en accord avec notre Évêque et mes responsables, mais je suis encore sonnée par ce qui m'est arrivé. Comment pourrais-je m'y habituer ? Chaque matin est un miracle. Cela m'interroge, comme vous. Plutôt que de chercher des raisons, une logique, je vous témoigne ce que j'ai vécu et ce que je crois profondément.

Je ne suis pas folle, je n'ai rien inventé, j'ai la foi évidemment mais je n'en ai rien caché. Des médecins ont constaté une guérison. L'Église a vu un miracle. J'en suis le témoin. Souvent mes sœurs religieuses me charrient. Elles me lancent : « Tu as vraiment l'évangélisation dans le ventre ! » Oui, je suis une passionnée de Dieu. J'aime Jésus. J'aime Marie. J'aime l'Église malgré ses gros défauts comme ma mère. J'aime ma congrégation religieuse discrète et modeste. J'ai été graciée de surcroît. Condamnée à la prison à vie ou à la mort, j'ai été subitement libérée, sans condition, sans rançon. Je suis sortie de ma cellule. Comment pourrais-je me taire ?

C'est une chose de crier cela sur les toits, c'est autre chose de chercher à faire des disciples, de convertir. J'oserais dire que ce n'est pas mon travail. C'est le travail de Jésus qui parle au cœur. C'est l'œuvre de l'Esprit Saint qui visite l'esprit humain, illumine, donne à voir la merveille que Dieu réalise en vous-même si vous n'y croyez pas. Il ne manquerait plus que je vous fasse entrer dans une église de force ! Ce temps, s'il a existé, est bien fini. Je ne me dérobe pas à ma responsabilité de chrétienne et de religieuse, je la mets à sa place. Le pape Benoît XVI aimait à dire que le christianisme est une religion d'adhésion, pas d'enrôlement. Adhérer, c'est choisir librement. C'est entrer de soi-même dans ce qui demeure un mystère de foi. Même pour moi, à bientôt quatre-vingts ans, la foi chrétienne est encore un mystère. Le plus beau qui soit, mais toujours un mystère. Je ne finis pas de le découvrir et de le goûter.

Alors à toi qui ne crois pas, mon frère ou ma sœur qui me lit – je me permets de vous tutoyer ici, c'est la franciscaine, petite sœur de saint François d'Assise qui apparaît –, je dirai ceci : même si je n'en ai pas la possibilité matérielle, la meilleure réponse à ta question du manque de foi, de l'absence de foi chrétienne, ce ne sont pas mes paroles mais ma vie. Et la meilleure façon de la communiquer est de marcher ensemble, de t'accompagner dans la vie. Tu verras, au jour le jour, dans les petites choses, avec mes défauts que Dieu a peut-être et malgré tout semé en moi, quelque chose de vrai. Ainsi qu'en tous ceux qui Le connaissent suffisamment pour Lui donner leur vie. À commencer par mes sœurs religieuses mais aussi avec ceux qui forment l'Église, du pape au plus simple des laïques. Nous espérons être des porteurs du Christ. Même si nous déformons souvent ce Christ que nous adorons. Mais pas toujours et heureusement.

Voilà... J'ai essayé de vous dire comment je vis ma foi, mon espérance, ma charité. Je pourrais encore développer mais j'ai assez parlé de moi. J'espère surtout que cela pourra vous aider. Avant de clore ce chapitre je voudrais rapidement évoquer mon identité spirituelle même si c'est un bien grand mot, une « franciscaine oblate du Sacré-Cœur de Jésus ».

Franciscaine donc. Disciple de saint François d'Assise. Ce fils d'un riche marchand d'Assise en Ombrie n'est pas un mythe. Il a vraiment vécu entre 1181 et 1226. Il a tout quitté pour suivre le Christ dans le plus extrême dénuement. Il a non seulement fondé un des ordres religieux les plus importants de l'histoire de l'Église mais il a marqué l'Église catholique. Et continue de le faire : pour preuve, le prénom que le pape François a choisi quand il a été élu en 2013. Aucun pape, en un millénaire, n'avait osé choisir le patronage de ce saint de feu, ferme et pacifique, radical et amoureux fou du Christ. Celui qui est sans doute l'un des plus grands saints a toujours eu la volonté d'être le dernier, frère mineur, au service des derniers et de plus pauvres de la société. Il appelait

« frère », « sœur », tout homme, et toute la création. La fraternité pour lui n'est pas un vain mot.

Notre idéal de franciscaine est donc aussi simple : vivre la pauvreté de l'Évangile au service des plus pauvres dans la société. Et particulièrement dans notre congrégation, fondée en 1875 par Mère Marie-Thérèse de la Croix, dans l'ouest de la France, auprès des malades, des orphelins, des personnes âgées.

Mais pourquoi avoir ajouté « oblates du Sacré-Cœur » dans notre titre de fondation ? Parce que notre fondatrice a vécu à une époque où les congrégations religieuses étaient pourchassées en France et où la dévotion au « Sacré-Cœur » était très répandue. La basilique du même nom qui domine par exemple Paris a été construite à partir de 1875. Cela peut paraître dépassé mais c'est là aussi d'une simplicité biblique : la dévotion au « Sacré-Cœur de Jésus » – souvent représenté par un cœur de chair, surmonté d'une couronne d'épines, transpercé par les instruments de la Passion – revient à honorer l'amour fou de Dieu pour les hommes manifesté à travers la passion du Christ.

Cela peut paraître loufoque à certains, vieillot mais je vous invite à dépasser les préjugés pour saisir que c'est la spiritualité de l'amour qui va jusqu'à donner sa vie pour les autres. Un amour total qui n'est pas naïf car il n'élude rien de la puissance du mal dans notre monde contre lequel il lutte.

Excusez-moi. J'ai bien conscience de parler ici un langage d'extraterrestre. On n'ose plus parfois dire ce qui fait notre identité de religieuse. Les uns pourront tirer la conclusion que je suis membre d'une congrégation religieuse de style XIXe siècle. D'autres retiendront ce qui fait notre essentiel : une spiritualité de l'amour donné jusqu'au bout pour Dieu et pour les autres. Ce qui est toujours actuel, plus que jamais, dans un monde formaté par l'égoïsme, l'individualisme, mené par l'argent et la puissance.

Très humblement, notre petite congrégation, nous sommes une cinquantaine, plutôt âgée en France mais en développement au Honduras en Amérique latine, nous voulons témoigner de l'amour fou du Christ pour les hommes et pour le monde en aidant justement les plus petits, les malades, les désespérés.

Ce double patronage, saint François d'Assise et le Sacré-Cœur de Jésus, symbole même de l'amour de Dieu, nous donne aussi un grand sens de l'Eucharistie. Je vous en ai déjà parlé à plusieurs reprises dans le chapitre sur la guérison. L'Eucharistie c'est la foi des catholiques dans la présence réelle du Christ dans ce qui a l'apparence d'un morceau de pain, sans levain, l'hostie consacrée par le prêtre pendant la messe. Le pasteur reprend alors les paroles du Christ lors de la cène, le Jeudi Saint. Selon ce que nous a enseigné le Christ, nous croyons que Jésus se rend réellement présent dans ce sacrement qu'il nous a donné en nourriture. D'où la communion eucharistique, d'où l'adoration eucharistique. L'Eucharistie n'est pas seulement une nourriture de vie spirituelle mais c'est aussi une manière de prier, d'adorer notre Dieu. Beaucoup sont impressionnés par les musulmans qui se prosternent au sol pour adorer Dieu plusieurs fois par jour et ils sont évidemment respectables. Les mêmes ricaneront devant des chrétiens qui se prosternent devant le saint sacrement... Savent-ils que l'hostie consacrée, c'est pour nous, catholiques, Dieu présent là devant nous, ou protégé et conservé dans le tabernacle de l'autel. Comme le dit le pape François que j'apprécie particulièrement : « L'eucharistie n'est pas la récompense des bons, mais la force des faibles, de pécheurs, le pardon, le viatique qui nous aide à marcher, avancer. »

À Lourdes, c'est lors de la procession eucharistique et la bénédiction solennelle par l'évêque qui portait l'ostensoir que j'ai ressenti quelque chose de fort en moi et cet appel renouvelé du Christ à tout lui donner. À Bresles, le 11 juillet 2008 à 17 h 45 dans notre petite chapelle, c'est en priant devant le saint sacrement que j'ai ressenti cette chaleur apaisante de guérison. Pour nous, religieuses apostoliques, femmes de prières mais aussi des femmes pratiques, engagées au cœur du monde, l'Eucharistie est notre source d'inspiration et de vie, notre force d'action.

Quant à la sainteté, nous ne faisons pas de théories. Pour nous la sainteté passe par les petites choses de tous les jours. Notre porte est toujours ouverte à qui a besoin. Nous essayons d'aimer, d'aimer comme Dieu nous aime, dans tous les petits détails de la vie, d'être proches de chacun, d'aider autant que nous pouvons, de servir. Cela passe par un style de vie sobre, simple.

Mais nous ne sommes pas seules, ni exceptionnelles ! Je devrais vous parler de tant de chrétiens et de chrétiennes que j'ai croisés dans ma vie, dans ma communauté religieuse et qui sont de grands exemples de foi, d'espérance, de charité. Des hommes et des femmes de prière, d'amour de Dieu et des autres. Souvent, en effet, la sainteté ne paie pas de mine, mais elle est bien plus répandue qu'on ne le croit.

C'est Dieu qui fait la sainteté. Le pape François, encore lui, a une très belle expression. Il parle de « sainteté ordinaire ». La sainteté ordinaire existe, je vous le garantis. Je la vois défiler notamment chez tant de malades ou de parents de malades….

Parfois, je me demande pourquoi notre monde a relégué à ce point ce qui le tient debout : l'amour de Dieu et l'amour du prochain ! Sans lui, tout s'écroule. Et pour vous qui désespérez, à toi qui désespères, je vous invite à relever un peu la tête, ou simplement le regard, car l'amour peut tout. Si vous vous sentez enlisés, levez juste les yeux vers le Seigneur.

Permettez-moi de vous livrer quelques extraits d'un psaume que j'aime beaucoup. C'est le psaume 39. On pourrait l'appeler le psaume de l'Espérance :

> « D'un grand espoir j'espérais le Seigneur : Il s'est penché vers moi pour entendre mon cri.
>
> Il m'a tiré de l'horreur du gouffre, de la vase et de la boue ; Il m'a fait reprendre pied sur le roc, Il a raffermi mes pas.
>
> Dans ma bouche Il a mis un chant nouveau, une louange à notre Dieu. Beaucoup d'hommes verront, ils craindront, ils auront foi dans le Seigneur.
>
> Heureux est l'homme qui met sa foi dans le Seigneur et ne va pas du côté des violents, dans le parti des traîtres.
>
> Tu as fait pour nous tant de choses, Toi, Seigneur mon Dieu ! Tant de projets et de merveilles : non,

Tu n'as point d'égal ! Je les dis, je les redis encore ; mais leur nombre est trop grand ! »

(…)

Toi, Seigneur, ne retiens pas loin de moi Ta tendresse ; que Ton amour et Ta vérité sans cesse me gardent !

(…)

Je suis pauvre et malheureux, mais le Seigneur pense à moi. Tu es mon secours, mon libérateur : mon Dieu, ne tarde pas ! »

Voilà notre foi, voilà notre espérance ! Comment mieux le dire qu'une phrase de la Bible qui a traversé des millénaires.

Une dernière chose sur la spiritualité de ma congrégation que je redécouvre avec une acuité particulière. Il se trouve que notre fondatrice, Mère Marie-Thérèse de la Croix qui fut un temps malade, a connu deux expériences de guérison ! Une première fois, le 1er août 1848, sa prière insistante est exaucée à la suite de plusieurs neuvaines et sa guérison intervient au moment de la sainte communion. C'est alors qu'elle entend l'appel à la vie religieuse. Et de nouveau en 1872 à Notre-Dame-du-Chêne, dans la Sarthe, au cours de la messe et toujours au moment de la communion. Des guérisons, si elles ne sont pas courantes, se produisent donc dans l'Église.

Notre fondatrice priait beaucoup la Vierge Marie en portant notamment le souci des vocations en invoquant « Notre-Dame-d'Espérance ». Elle en fit bénir une statue par son Évêque qui se trouve toujours dans notre chapelle à Nantes. J'aime beaucoup « Notre-Dame-d'Espérance ». C'est tout un programme de vie. L'Espérance si bien décrite par Péguy. Il l'appelle « petite sœur Espérance ». Elle n'est pas la plus connue mais elle redonne de la vigueur à la foi quand elle vacille et redonne de la force à la charité.

Notre-Dame-d'Espérance, priez pour tous ceux qui lisent ces lignes, pour tous ceux qui sont affligés, qui ne comprennent plus ou qui sont écrasés. Redonne-leur la lueur de la vie, la force de supporter, d'avancer.

Et puis, un hommage pour finir. Je me trouve projetée contre mon gré sur le devant de la scène. Je tente de dire qui je suis à travers ce livre pour la gloire de Dieu. Mais le mystère d'une personne ne se résume pas à quelques centaines de pages. Seul le Seigneur, sait, Lui, la vraie valeur de chacun. En revanche je sais où je vais. J'espère de tout mon cœur connaître le face-à-face avec mon Créateur après ma mort. Je sais aussi d'où je viens.

Voilà l'hommage. Pour clore ce chapitre sur ma foi, mon espérance et ma charité de petite sœur franciscaine, je me souviens de mes parents. Mon cher papa, ma chère maman. Tous deux étaient membres du tiers ordre franciscain. Ouvert à des laïques ce tiers ordre permet de vivre la spiritualité franciscaine dans la vie de tous les jours. Saint François d'Assise vient donc de loin dans ma vie ! Et il est toujours très présent. Mes deux parents avaient toujours dans la poche un chapelet, pour prier Marie et Notre-Dame-de-Lourdes en particulier. Je les remercie.

Chapitre VII

Pourquoi moi ?

J'ai longtemps réfléchi, médité et prié sur cette question : « Pourquoi moi ? » Et pourquoi pas cette jeune femme, mère de famille, atteinte d'un cancer qui m'écrit ? Pourquoi pas ce jeune malade mental, en partie paralysé, dont les courriers de sa maman m'émeuvent aux larmes ? Pourquoi pas cet enfant déjà prisonnier d'une leucémie ? Je me suis demandé pourquoi moi, religieuse handicapée, alors âgée de soixante-neuf ans ? J'en ai dix de plus aujourd'hui. Je trouvais cela presque injuste par rapport à tous ces autres cas bien plus dramatiques… Je n'ai pas d'enfants qui plus est. Pourquoi moi ? J'ai tourné et tourné autour de ce point d'interrogation. Je n'avais jamais prié pour « ma » guérison. De ma vie, j'avais fait une offrande à Dieu, sans retour. J'habitais ma maladie et sa dégradation comme le lieu où Dieu m'attendait. Un espace pas très agréable de sacrifice pour Lui, pour les autres. Le lieu justement pour demander, implorer, le mieux et le meilleur pour les autres. Lieu difficile, angoissant, exigeant, humiliant, lieu de souffrances – il ne faut pas se cacher derrière son petit doigt –, lieu de désespoir parfois. Mais lieu qui avait du sens. Ma maladie avait le sens des autres.

Et j'oserais dire, le sens de Dieu. J'étais persuadée que Dieu m'avait placée dans cette voie, malade avec les malades.

Ce livre est donc d'abord pour vous. Les maladies les pires ne sont pas parfois les plus visibles, y compris sur le plan psychologique. Vous aussi êtes en droit de vous demander : pourquoi elle et pourquoi pas moi ? Pourquoi le mal dont je suis affligé ? Pourquoi Dieu semble sourd à mes prières ? Comment Dieu, de toute bonté, peut-il tolérer une telle souffrance, une maladie aussi insidieuse ?

Au risque de vous décevoir, je préfère vous annoncer que je n'ai pas de réponses à ces deux dernières questions. Ce serait vous abuser. Je n'ai aucune réponse : Pourquoi moi et pourquoi pas vous ?

J'ai surtout fini par comprendre que Dieu me demandait de ne pas comprendre. Que chercher à percer la logique de Dieu frisait ce que nous appelons dans la tradition chrétienne un péché contre l'Esprit. C'est-à-dire douter de la décision de Dieu. Penser qu'Il s'est trompé. Qu'il y a erreur sur la personne ! Que Lui mon Créateur aurait dû choisir quelqu'un d'autre. En somme, que je savais mieux que Lui, Dieu, moi petite créature, ce qu'il convenait de faire.

J'ai également abandonné une idée que je n'ai pas eue pour moi mais que beaucoup ont pensée pour moi : « Elle méritait sa guérison… » Ma guérison serait le résultat gagnant d'une vie de sacrifices qui auraient fini par toucher le cœur de Dieu ! Ce qui supposerait que d'autres auraient « mérité » leur état ou leur maladie… Erreur profonde de perspective.

Fausse piste, là aussi. Vision païenne et archaïque surtout d'un Dieu avide et boulimique de sacrifices humains. De temps en temps il se pencherait vers la terre pour accorder, ici et là, une indulgence à ceux qui auraient le plus trimé. Non, trois fois non ! Le Dieu de Jésus-Christ n'est pas ce Dieu des sacrifices. Le sacrifice, Jésus l'a accompli une fois pour toutes sur la Croix. C'est bien toute la nouveauté du christianisme qui a mis fin à la logique ancestrale d'un Dieu à qui il faudrait plaire par des sacrifices sur la terre. Cette conception est une hérésie pour l'Église catholique. Une chose est le sacrifice spirituel, la mortification acceptée sur un chemin de conversion pour lutter contre ses propres tendances égoïstes ou orgueilleuses. Autre chose est la vision fausse d'un Dieu vengeur, et finalement méchant, dont il faudrait se protéger par une accumulation de sacrifices sur terre. « Le sacrifice qui plaît à Dieu est un esprit brisé », dit le psaume dans la Bible. Cela signifie que Dieu est d'abord proche de ceux qui souffrent et qu'Il fait tout pour leur venir en aide. Soit le contraire de cette idée folle d'un « Dieu » ogre qu'il faudrait nourrir de nos sacrifices. La guérison dont j'ai été graciée n'a rien à voir avec un quelconque « mérite ». Elle appartient à la gratuité et à l'infinie générosité de Dieu.

En méditant sur la question du « pourquoi moi », j'ai aussi travaillé sur moi pour abandonner une autre fausse piste, le ressentiment. C'est un sentiment subtil. Il se glisse dans les replis de notre cœur. Il est toxique. Profondément toxique. J'étais comblée, heureuse de cette guérison, mais il y avait une ombre au tableau. Précisément le fameux « pourquoi moi ? ». Ou plutôt, pourquoi pas un tel ou une telle ? Toute à la joie d'être guérie, je nourrissais au fond de mon cœur une incompréhension, une sorte de reproche que j'adressais, dans ma prière, à Dieu. « Mais pourquoi moi, Seigneur, c'est injuste, il y a tant d'autres autour de moi qui auraient besoin de guérison ? » Autrement dit, dans ma vision de religieuse qui ne vit plus pour elle mais pour Dieu et pour les autres, je reprochais tout simplement à Dieu de m'avoir guérie ! Rien que ça ! Oh, ce n'était pas violent. Ce n'était pas une colère contre Dieu. Comment aurais-je pu ? Mais c'était une ombre au tableau radieux. Ce sentiment négatif qui ronge tranquillement la joie et la reconnaissance totale, sans trouble ni tache, à mon Créateur qui avait incroyablement restauré ma santé.

Là aussi, c'était un péché contre l'Esprit. Très subtil mais très malin au sens d'une cellule cancéreuse qui dans un bien introduit le mal. Il accomplit son œuvre de manière anonyme et sournoise. Ce genre de ressentiment ronge l'action de grâces. Dans ce grand « MERCI » à Dieu, il ne s'agit pas d'ignorer les autres ou d'aller crier victoire sur les toits. Pas du tout ! Mais il s'agit d'accepter la volonté de Dieu sur soi. Sans parlementer et sans reproche de fond de tiroir… « Fiat », « Qu'il en soit ainsi », avait dit la Vierge Marie à l'ange qui lui annonçait la naissance du Sauveur en lui confiant selon l'Évangile de Luc : « Sois sans crainte, Marie, car tu as trouvé grâce auprès de Dieu. » Comprenez bien, je ne suis pas, ni ne me prends pour la Vierge Marie. Mais je dois vous confier qu'elle m'habite en permanence. J'essaie donc, à ma toute petite mesure, de suivre son exemple d'oblation. On ne discute pas avec Dieu.

Accepter donc. Ce verbe est peut-être la réponse à la question « pourquoi moi ? ». Accepter c'est dire « oui », sans arrière-pensée, à Dieu. C'est dire « merci » à Dieu sans aucun ressentiment. Ce n'est pas une soumission simpliste, c'est une pleine reconnaissance. La soumission est négative, peureuse, vide, craintive, soumise. La reconnaissance est positive, heureuse, pleine, donnée, confiante.

Nous sommes peut-être ici sur une piste de réponse à l'énigmatique question du « pourquoi moi ? ». Ne pas mettre en question – et encore moins en cause – les dons que Dieu nous fait. Mais les accepter comme tels, un cadeau. Quelque chose de gratuit par excellence. Pour soi, oui, mais aussi pour rayonner de cette grâce reçue autour de nous.

Ne pas être mesquin avec Dieu : « Oui, vous savez, j'ai reçu cette grâce mais d'autres la méritaient plus que moi, d'ailleurs Dieu s'est un peu trompé d'adresse. » Non ! Dix fois non ! Être pleinement reconnaissant à Dieu au contraire. « Merci Seigneur, merci de ce retour à la vie, tu m'as recréé, je mettrai toute la vie qui me reste sur terre à te louer et à proclamer la merveille que tu as accomplie en moi. »

Cette attitude de totale action de grâces n'est pas méprisante pour ceux qui n'ont pas eu cette grâce. Elle n'est pas oublieuse des souffrances et des misères des autres. Comment le pourrais-je ? Je sors de quarante-deux années de galère. Mais elle est un signe de Dieu. Un signe visible de son Amour pour nous tous.

Être un signe de l'intervention divine dans le monde. Il y a peut-être, là aussi, un début de réponse à la question « pourquoi moi ». Un signe, peut-être faible mais clair de la magnificence de Dieu. Lui qui aime parler par des petits gestes, des guérisons. La Bible est pleine de ces merveilles ! Ce signe, ces « signaux faibles » comme on aime à dire aujourd'hui, sont très efficaces. Ils peuvent rappeler à chacun qu'il est lui aussi « gracié ». Et que chacun est sans le savoir rempli des dons de Dieu.

C'est un signe qui aide à regarder le monde non avec des lunettes roses, *a priori* optimistes, oubliant les creux noirs de la misère et de la souffrance. Mais qui le regarde avec des lunettes larges, « grand angle », diraient les photographes pour embrasser toute la réalité qui n'est jamais ni sombre ni claire mais qui est tout à la fois, variable. En soutenant le bien et combattant le mal, avec le Christ. Jésus parle du « bon grain et de l'ivraie » dans le même champ annonçant que c'est le Père céleste, et non l'homme, qui séparera l'un et l'autre.

Sans cette vision large on finit par penser que le monde tourne de plus en plus mal, que rien ne va bien. Observer au contraire les choses dans leur ensemble, en veillant par le regard du cœur sur les « signaux faibles », corrige la noirceur, éclaircit la vision. Dans le chapitre précédent j'évoquais les bourgeons difformes et gluants en apparence qui donnent les plus belles fleurs. Voilà la force des signaux forts ou faibles, des signes de Dieu dans la vie.

Ainsi le miracle, dit l'Église catholique, est un signe que Dieu adresse pour le monde. C'est un signe fort pour les uns, un signe faible pour les autres. Pour moi c'est un petit bourgeon de grâce. L'Église en tout cas ne cherche pas le « pourquoi ». Elle constate qu'il est authentique. Elle reconnaît, dans le miracle, l'un des langages de Dieu. Cela nous aide à accueillir la grâce de Dieu, gratuite. Car Dieu donne sans arrière-pensée, sans retour. Dieu ne circule pas avec des escortes tonitruantes pour annoncer sa venue. Il s'exprime par la modestie, la délicatesse, les petites choses qui peuvent devenir grandes ; mais il commence toujours petit : Regardez la crèche de Noël.

Reste une seconde dimension dans la question « pourquoi moi » : la question du « moi ». Aurais-je été choisie, élue, pour bénéficier d'un tel privilège ?

Loin de moi l'idée de me prendre pour un prophète, ou une élue de Dieu. Je le répète, je suis une sœur franciscaine habitant dans une modeste fraternité jusque-là inconnue, à Bresles, en Picardie, non loin de Beauvais. Pas de quoi donc me prendre la tête ! Je suis la plus mal placée pour répondre à cette question. Je sais aussi qu'il n'y a pas de réponses.

Mais je ne peux pas nier non plus que je suis la soixante-dixième miraculée reconnue de Lourdes et que la main de Dieu s'est posée sur moi, de façon très concrète, le 11 juillet 2008.

Quand Dieu choisit, il préfère emprunter les petites voies, les chemins buissonniers. Si j'ouvre ma Bible, que cela soit dans l'Ancien Testament comme dans le nouveau avec les Évangiles, ou dans les épîtres de Paul, je vois que Dieu ne choisit pas les forts, les puissants, les supermans comme messagers ou prophètes.

Et je retrouve encore une fois ici ma chère Vierge Marie. Cela pourra peut-être lasser certains – ils voudront bien m'excuser –, d'autres comprendront. J'ai choisi la vie de religieuse, j'ai presque appris à parler en récitant des « je vous salue Marie » sur les genoux de maman dans la cave de notre maisonnette du Nord et sous les bombardements de 1944. Marie est ma seconde mère. Ma maman du Ciel. Je la prie tout le temps. Je sais tout pouvoir lui demander. Elle me conduit à coup sûr à Jésus. Je la prie et je la suis. J'essaie d'imiter son exemple.

Je ne suis pas la première dans l'histoire du christianisme à recevoir une grâce extraordinaire. Il en pleut chaque jour à foison sur le monde. Ces grâces sont le plus souvent invisibles. Elles ne sont pas exceptionnelles, elles sont habituelles. Nous ne les voyons plus. Nous ne savons plus les discerner mais elles abondent, croyez-moi. Je ne suis donc pas une exception. En aucun cas.

Je n'y comprends rien, ou peu, mais je ne peux que constater. Je me mets donc à la suite de Marie qui a avancé sans toujours comprendre les desseins de Jésus. Elle Lui a fait confiance. J'ai passé ma vie à faire confiance à Jésus et à Marie. Je continue de plus belle. Je sais que Jésus et Marie sont présents dans cette guérison. Je ne veux pas savoir si je suis « élue » ou « choisie ». Cela n'a pas de sens. Cela me gonflerait d'orgueil. Je serais creuse. Mon témoignage résonnerait comme du vide, dirait saint Paul. Son avertissement est tellement clair : « Quand je parlerais les langues des hommes et des anges, si je n'ai pas la charité, je suis un airain qui résonne, ou une cymbale qui retentit. Et quand j'aurais le don de prophétie, la science de tous les mystères et toute la connaissance, quand j'aurais même toute la foi jusqu'à transporter des montagnes, si je n'ai pas la charité, je ne suis rien… »

J'ai donné ma vie au Seigneur, dans le sillage de Marie. Si le Seigneur a voulu faire de moi un « signe » pour le monde, que Sa volonté soit faite et qu'elle porte du fruit là où ce « signe » pourra faire du bien. Moi, je voudrais disparaître derrière ce signe. Ce n'est pas moi qui compte, c'est Dieu. Je me sens comme un instrument à Son service. Toute cette publicité sur le miracle, je l'accepte pour manifester la Gloire de Dieu, pas la mienne…

Les gens pointent leurs regards sur moi. Je les renvoie donc vers la grotte de Lourdes. Les incrédules y trouveront une statue, des cierges, une pierre polie par les mains de millions de pèlerins qui cheminent dans cette cavité, et une source d'eau vive, intarissable. Les croyants sentiront la présence active de Marie en ce lieu d'accès totalement libre, ouvert à tous, sans douane d'aucune sorte : pas de certificat de bonne conduite, pas de formalité. Le cœur de Dieu miséricorde, abondant, généreux est là pour tous, *via* les mains toujours accueillantes et consolantes de Marie. Là, par Elle, Dieu nous régénère en plénitude.

Ce geste extraordinaire ne doit pas non plus faire oublier les gestes ordinaires de Dieu dans nos vies. C'est la franciscaine, disciple de saint François d'Assise, un amoureux de la création, qui parle mais aussi la femme de bon sens. Même si saint François nous aide à reconnaître la main de Dieu dans sa création, minérale, végétale et animale. Regardez toutefois, ne serait-ce qu'une seconde, la beauté du fonctionnement du corps humain, de son esprit, du monde qui nous entoure, ses équilibres, ses régénérations ! C'est un miracle permanent mais nous ne le voyons plus.

Je ne veux pas dire par là que la guérison miraculeuse est banale. Je veux dire qu'elle est l'une des merveilles, visible et remarquable, d'un miracle, invisible et habituel, celui de la création qui est un miracle permanent. Au fond nous sommes tellement habitués que nous ne voyons plus la vraie beauté du monde et des gens.

Un dernier mot toutefois à propos du mal, de la maladie, de ce qui ne tourne pas rond dans le monde et qui frappe souvent aveuglément. Les maladies mais aussi les catastrophes naturelles, les guerres, les injustices. Comment un Dieu bon peut-il tolérer autant de mal ? Je me pose la question tous les jours et autant que vous, et je n'ai aucune réponse. Sauf que je sais que le Christ est venu sur terre pour combattre ce mal, l'anéantir. Il a vaincu la mort en ressuscitant d'entre les morts ainsi que nous le décrivent les Évangiles. Une œuvre qui continue à travers nous. Vaincre la mort de nos âmes. Vaincre le mal par le bien, par l'amour donné, par l'attention à chacun et aux tout petits. Ne jamais se résigner. Ne jamais admettre que le mal aura le dessus. Parce que l'Amour de Dieu est plus fort et qu'il est la vraie, grande et seule, bonne nouvelle. Regarder, au fond, le mal en face. Surtout ne pas se laisser hypnotiser et paralyser par lui. La Vierge Marie est très puissante contre le mal. Toujours travailler au bien en répandant l'Amour de Dieu partout où l'on peut avec nos petites forces mais toujours appuyés sur Jésus et Marie.

Je vous ai souvent parlé de ma petite sœur Monique, religieuse dans ma congrégation, morte à vingt-quatre ans. Quelques mois avant son départ elle avait composé ce texte à mon intention qui dit beaucoup de choses sur l'histoire d'amour entre Dieu et les hommes. Ce n'est pas une histoire du mal. C'est la victoire de l'Amour en tous et sur toute chose.

Je pense que c'est comme cela qu'il faut « lire » ce miracle. Pas dans une clé logique mais avec la clé du cœur. En vous proposant ce texte, je suis frappée de ce que ma petite sœur m'avait annoncé : que je ne passerais pas ma vie sur le « calvaire » mais qu'un jour je monterai sur le « Thabor ». Elle parlait certainement de la vie éternelle. Mais elle pressentait peut-être quelque chose.

Ce mont Thabor existe en Galilée. L'Évangile raconte que c'est là que le Christ a été transfiguré, rayonnant de lumière, devant ses disciples, abasourdis par ce qu'ils avaient vu. Ce n'est pas le lieu de la Croix. C'est le lieu de la gloire de Dieu.

S'il y a donc un « pourquoi moi ? », une réponse valide serait peut-être : « pour la gloire de Dieu » et elle seule.

Voici donc ce que Monique m'avait écrit en 1969, elle parlait du regard et de l'attention de Dieu, sur moi comme sur chacun :

« Il te regarde, tu as du prix à ses yeux, Il te regarde, Il t'aime.

Il est heureux quand tu Le laisses faire en ton âme ce qu'Il veut.

Ne Lui refuse rien, car à toi rien n'appartient, ne déçois pas Son espoir.

Marche jusqu'au soir. Traverse la nuit profonde.

Ne crains pas qu'Il t'abandonne, même si Sa lumière semble s'éteindre.

Tends-Lui la main dans le noir, Il te regarde,

Et pour te guider fera poindre l'étoile de Marie dans la nuit noire.

Regarde là, elle a vécu de foi.

Suis-la sur le chemin du fiat.

Comme elle, abandonne-toi à la douceur de l'amour,

Qui purifie par la croix, et mène à vivre des trois déjà ici-bas.

Il te regarde, Il t'attend, va, marche à sa suite.

N'oublie pas qu'après le calvaire, il y a le Thabor.

Avec Lui, Il t'emmènera sur la sainte montagne,

Où à la fraîcheur de l'aurore, tu contempleras pour toujours,

Le vrai visage de l'Amour. »

Le mont Thabor est un lieu de contemplation. On y trouve le « vrai visage de l'Amour ». Plutôt donc que de se tourner vers moi avec cette insoluble question « pourquoi moi ? », je vous propose de nous tourner, croyants, peu croyants, pas croyants, en toute liberté et paix, vers « le vrai visage de l'Amour ». Il existe. J'en témoigne avec une joie centuplée.

Merci à Dieu, merci à vous.

« Ne jamais désespérer »

Ce livre, chers malades, en votre corps ou en votre esprit, vous est dédié. Il est pour vous. Jamais je ne me serais lancée de moi-même dans un tel ouvrage mais c'est pour vous que je l'ai écrit comme un signe d'Espérance d'une malade qui a été miraculeusement guérie. Non pour vous communiquer des trucs ou des recettes mais pour vous transmettre un peu de paix, de lumière, de joie. Et pour vous dire de ne jamais désespérer. Oui, de ne jamais désespérer. Je le dis dans la foi qui est la mienne mais tous peuvent partager ce message.

Ce livre est aussi pour les médecins et les professionnels de santé qui vous soignent et qui nous soignent. Je viens les remercier de leur présence bénévole et indispensable auprès des malades partout et à Lourdes en particulier.

Qui peut imaginer les heures de veille, de soins, de soucis, de temps pris sur la vie de famille, de temps donné, par ces femmes et ces hommes en blanc, compagnons d'infortune, de mauvaise santé, de bonne santé retrouvée et d'humanité ? Ils appliquent des techniques médicales modernes avec un cœur de soignants qui est une valeur éternelle. On ne les remerciera jamais assez.

Je voudrais dire un merci tout particulier au docteur Fumery, médecin généraliste de ma petite ville de Picardie, qui m'a invitée à venir à Lourdes en 2008 avec les malades. Sans cette invitation je ne serais pas là aujourd'hui pour témoigner des merveilles de Dieu à travers Marie dans ce lieu béni de Lourdes.

Lors de la veillée d'action de grâce à Lourdes, le 5 juillet 2018, à l'occasion de notre pèlerinage diocésain, il a dit, dans la basilique Sainte-Bernadette :

« Merci aux malades ! Combien il est important, dans le message de Lourdes que les malades soient présents. L'importance du message de Lourdes peut passer à travers des malades. Pour que les malades continuent de venir à Lourdes, croyants et pas croyants – peu importe – l'essentiel c'est qu'ils vivent du message de Lourdes. Sans les professionnels de santé Lourdes n'existerait pas non plus. »

Vous qui me lisez, vous avez compris que ce message que je vous livre est une forme d'appel : à Lourdes les malades ont besoin de vous, médecins et professionnels de santé, toutes spécialités confondues ! C'est une religieuse qui vous parle, mais aussi une ancienne infirmière. Si vous entendez cet appel, n'hésitez pas à donner quelques jours de vacances au service des malades. Je vous l'assure, vous serez comblés !

Je remercie aussi le docteur de Franciscis pour son travail et son accueil au Bureau médical, ainsi que tous les médecins que j'ai pu rencontrer au cours des années en ce lieu unique au monde, pour leur attention lors des expertises médicales. Je salue leurs compétences mises au service de Lourdes.

Un merci aussi à Maryline et à Véronique, les secrétaires du Bureau des constatations médicales du sanctuaire. Chaque jour, elles accomplissent un travail de fourmis avec les dossiers, les demandes, etc. J'ai toujours aimé me rendre dans ce bureau médical pour leur faire un petit coucou, partager un café toujours préparé par leurs soins, occasion de faire de multiples rencontres.

Je remercie évidemment Mgr James, aujourd'hui évêque de Nantes. Juste après ma guérison, en septembre 2008, il m'a accueillie et prise au sérieux. Il m'a encouragée pour déposer le dossier médical au Bureau des constatations médicales de Lourdes. Merci aussi à Mgr Jacques Benoit-Gonnin, son successeur à Beauvais, pour sa présence bienveillante et fraternelle, pour son écoute tout au long de ces années. Dans un cheminement spirituel il a eu le courage d'aller jusqu'au bout – engageant ainsi toute l'Église – de la reconnaissance, le 11 février 2018, du miracle. C'est cela l'Église ! Encore merci.

Merci au Père Rémi Hublier et Philippe Marie de Troussures qui m'ont accompagnée spirituellement durant toutes ces années.

Merci à Sœur Marie-Albertine, premier témoin de ma guérison. Merci aussi à ma supérieure générale Sœur Annie et à son conseil. À Sœur Marie-Françoise supérieure générale à l'époque qui a accueilli la nouvelle le 12 juillet 2008. Aux sœurs Marie-Roberta, Anne-Marie, Nicole de ma chère fraternité de Bresles en Picardie pour leur écoute, leur partage, leur soutien dans la prière. Partout où je témoigne de cette grâce de Lourdes je sais qu'elles sont derrière moi et avec moi, en prière avec le Christ, par Marie. Contemplation et Mission, prière et action, sont indispensables à l'Évangélisation.

Merci à ma famille particulièrement mon petit frère Georges et son épouse Hélène, qui ont beaucoup prié pour moi et m'ont encouragée à témoigner. Pour Geneviève et tous mes amis et amies. Et ils sont nombreux. Je rends grâce pour vous tous.

Enfin un autre merci à Julien Serey et à son équipe qui ont aussi beaucoup travaillé pour gérer au mieux la communication et m'accompagner dans ce monde pour moi jusque-là inconnu.

Et enfin, un grand, grand merci, à Jean-Marie Guénois sans qui ce livre n'existerait pas. Il a été pour moi un guide précieux, et une plume inspirée dans la réalisation de ce témoignage.

Sœur Bernadette

Postface

Sœur Bernadette, une « star » ? Mais Dieu n'a pas besoin de rouler les mécaniques !

Alors, pour finir, Sœur Bernadette, « une star », comme le disait récemment un grand quotidien français[1] ? L'intéressée s'en défend vigoureusement ! Elle répète, à l'envi, qu'elle ne sait pas pourquoi elle a bénéficié de cette guérison, alors qu'elle n'a pas prié pour la recevoir et que beaucoup d'autres en auraient eu plus besoin qu'elle. Mais elle ne veut pas en tirer argument pour se taire. Elle croit devoir témoigner non pour obliger à croire – comme si c'était possible ! –, mais pour encourager qui le veut bien à ouvrir son cœur et sa vie à la présence et à l'action de ce Dieu qui aime tout être humain, tout l'être humain, tous les êtres humains. À la suite, et en imitant Marie, elle veut simplement et humblement rendre grâce au Seigneur qui a fait pour elle des merveilles, et témoigner que ces merveilles ne sont pas épuisées.

---

1. « Bernadette Moriau, la 70e miraculée de Lourdes, est devenue une star » – *Le Parisien*, 11 août 2018, article de Vincent Gautronneau.

Au regard des connaissances médicales actuelles, selon le vote des médecins, dont tous ne sont pas chrétiens catholiques, la guérison de Sœur Bernadette est inexpliquée. Mais, n'en déplaise à certains, ce n'est pas simplement un événement scientifiquement inexpliqué : selon la vision chrétienne du monde, de son origine et de sa fin, c'est un événement signifiant. La nature et le contexte de cet événement permettent d'en dégager une signification et une interpellation pour celles et ceux qui sauront accueillir ce signe. De ce point de vue nous nous retrouvons dans la situation de témoins des signes rapportés dans les Écritures. Ces signes parlent, convertissent certains, tandis qu'ils en laissent d'autres aveugles, voire fermés et hostiles.

Quelle peut en être précisément la signification ? Dieu n'a pas besoin de « rouler les mécaniques » pour susciter l'intérêt et contraindre à l'adhésion. Dans le prolongement et en illustration de la longue révélation qu'Il a faite de Lui-même, dans la première Alliance avec Israël, et son accomplissement en Jésus-Christ ; dans le prolongement de sa révélation, dans le témoignage des chrétiens malgré leurs nombreuses et profondes limites, Il manifeste qu'il veut « l'homme debout », l'homme libéré du péché qui est manque d'amour. À travers une guérison inexpliquée, Il dit son attention à la vie et à la dignité de la personne humaine. Là où l'homme serait tenté de démissionner, de rendre les armes, de conclure, Dieu peut vouloir intervenir, dans la cohérence avec ce qu'Il a déjà révélé de Lui-même. Il dit alors le regard qu'Il porte sur une situation. Il dit l'attitude qu'Il adopte vis-à-vis de la personne concernée et de celles qui se trouvent dans une situation analogue.

Dès lors, la signification du signe suscite une invitation pressante. Elle consiste à réclamer à celui qui comprend le signe d'adopter à son tour l'attitude divine de défense de la vie, de respect de la vie, d'humble et bienveillante patience envers la personne atteinte… L'attitude demandée est la même que celle adoptée par Dieu. Si Dieu respecte et rétablit la vie blessée, défigurée, amoindrie, devenue inutile, voire « sans figure humaine », comment ceux qu'Il appelle à partager sa propre vie n'adopteraient-ils pas ses « mœurs » ? Ce respect devant la dignité de la personne, même voilée ou cachée par la maladie ou le handicap, devient école préparatoire pour le Royaume des Cieux où le bonheur consistera à se laisser aimer par Dieu et à aimer comme Lui.

Ce n'est pas que Dieu aime la « défiguration » et l'amoindrissement « insupportable » au regard et à la sensibilité humaine ! C'est qu'à travers la rencontre et la proximité de la fragilité, de la vulnérabilité, du handicap, du vieillissement de son semblable, l'être humain peut apprendre des pensées, des attitudes, des comportements qui sont « divins ». Qui sont ceux-là même de Dieu envers ses créatures. « Dieu ne considère pas ce que l'homme considère ; l'homme regarde à ce qui frappe les yeux, mais l'Éternel regarde au cœur » (1 Samuel 16,7). Lui qui est « Dieu de tendresse et d'amour », jamais découragé, ni horrifié par les rebuffades mortifères de celles et ceux qu'Il a tant aimés, leur a donné son Fils pour qu'ils apprennent à aimer comme Lui, d'un amour qui, seul, est capable de les combler.

Là encore, nous pouvons écouter Sœur Bernadette. Ne dit-elle pas : « Pour moi, le plus grand miracle de Lourdes est la fraternité. Ici les malades sont estimés, aimés, et servis » ? Pour Sœur Bernadette, sa guérison, et bien des années plus tard, la déclaration du caractère miraculeux de cette guérison, ne l'ont pas enfermée dans une posture égocentrique et stérilisante. Elle s'est « remise » au service de sa Communauté, de sa paroisse, de l'hospitalité et des malades de Lourdes. Ayant « récupéré » la vie, elle s'est faite « servante de vie » pour les autres. Un signe de l'authenticité d'une guérison miraculeuse est le fruit qu'elle produit dans la vie de la personne miraculée. À l'imitation du Seigneur de la vie qui l'a guérie, elle se met au service de la vie de son prochain. C'est que la vie menacée demeure une vie digne et respectable, et que la vie « retrouvée » est une vie féconde dans le don de soi, à la suite du Christ qui a donné sa vie pour que le monde vive.

Puisse le témoignage de Sœur Bernadette, qui ne cesse de dire comme sainte Bernadette Soubirous, qu'elle n'est pas chargée de faire croire mais de témoigner, puisse ce témoignage être lu, accueilli, compris par beaucoup, à ce niveau de sens, de relèvement, de fécondité. Ce sera une fécondité de vie multiforme et contagieuse. « Les bontés de l'Éternel ne sont pas épuisées, ses compassions ne sont pas à leur terme » (Lamentations 3,22).

Jacques Benoit-Gonnin
Évêque de Beauvais, Noyon et Senlis

Annexes

Mandement officiel reconnaissant le caractère « prodigieux-miraculeux » de la guérison de Sœur Bernadette Moriau :

Jacques Benoit-Gonnin
Évêque de Beauvais, Noyon et Senlis

Nous, **Jacques BENOIT-GONNIN**
évêque de Beauvais, Noyon et Senlis,

Après avoir reçu la lettre de Mgr Nicolas BROUWET, Évêque de Tarbes et Lourdes, datée du 22 février 2017, transmettant les conclusions du Comité Médical International de Lourdes, en date des 18-19 novembre 2016, concernant la guérison d'une maladie grave, au pronostic défavorable, de

Sœur Bernadette MORIAU,
Franciscaine oblate du Sacré-Cœur de Jésus
Domiciliée alors et aujourd'hui encore,
Dans sa communauté de Bresles, au diocèse de Beauvais,

Survenue le 11 juillet 2008, à Bresles.

Après avoir réuni et entendu la Commission Diocésaine constituée par nous-même, de prêtres et religieux sages, avisés et prudents, ainsi que d'un médecin et chirurgien servant au Centre Hospitalier de Beauvais, sur ce même cas de guérison (10 janvier 2018),

Observant que ladite guérison, fut soudaine, instantanée, complète, durable et « *reste inexpliquée dans l'état actuel de nos connaissances scientifiques* »,

Observant les liens étroits entre la démarche de pèlerinage effectuée par Sr Bernadette Moriau à Lourdes, et cette guérison,

Par le présent mandement,

Nous déclarons

Le caractère « prodigieux-miraculeux » et la valeur de « signe divin » **de la guérison de Sœur Bernadette MORIAU**, obtenue par l'intercession de la Bienheureuse Vierge Marie, Notre Dame de Lourdes.

A Beauvais le ***11 février 2018,***
6ème dimanche du Temps ordinaire
Mémoire de Notre Dame de Lourdes

+ Jacques Benoit-Gonnin
Évêque de Beauvais, Noyon et Senlis

BP 20636-60026 Beauvais Cedex–Tel : 03 44 06 28 25 – Fax : 03 44 06 28.26-
Email : eveque.beauvais@oise-catholique.fr

Communiqué officiel du diocèse de Beauvais :

Depuis fin 1966 jusqu'à juillet 2008, Sœur Bernadette MORIAU, franciscaine oblate du Sacré-Cœur de Jésus, en mission à Bresles, a souffert d'une maladie grave et progressivement invalidante, qui l'a conduite à une mise en invalidité définitive, en 1987 (« atteinte des racines lombaires et sacrées quasi complète »). En février 2008, elle est encouragée à faire le pèlerinage à Lourdes, à l'occasion des cent cinquante ans des apparitions. Au cours de ce pèlerinage, qu'elle effectue simplement et avec joie, sans rien demander pour elle-même, elle suit les divers temps du pèlerinage et vit plus intensément les démarches pénitentielles et eucharistiques, et les visites à la grotte.

De retour à Bresles, le 11 juillet, en fin d'après-midi, elle prend un temps d'adoration qu'elle vit en communion avec Lourdes et le pèlerinage qu'elle vient d'y faire. Revenue dans sa chambre, elle se sent appelée à quitter ses appareils : corset, attelle de jambe, arrêt du neurostimulateur. Dans la foi, elle s'exécute. Immédiatement, elle se met à marcher sans aide, de manière totalement autonome. Elle en prend à témoin ses sœurs qui ne peuvent que constater le changement.

Elle se rend chez son médecin traitant qui constate le changement. Les spécialistes qui la suivaient feront de même. Elle se présente alors au Bureau médical international de Lourdes, qui décide d'engager la procédure de constatation et de qualification. S'ensuivront de nombreuses rencontres, expertises, examens. Lors de sa réunion annuelle des 18 et

19 novembre 2016, avec toutes les pièces accumulées, et après nouveaux échanges, le Comité médical international de Lourdes conclut, à l'unanimité moins 1 voix, que la guérison de Sr Bernadette MORIAU « reste inexpliquée dans l'état actuel de nos connaissances scientifiques ».

Informé fin février 2017, ayant laissé s'écouler plusieurs mois, comme il est prévu dans ce genre de situation, j'ai composé et réuni une commission diocésaine diversifiée chargée de me donner son avis sur la nature de cette guérison et les suites qu'il serait possible de lui donner.

Après l'avoir entendue, compte tenu de la conclusion du Comité médical et des liens étroits entre sa guérison et le pèlerinage effectué par Sr Bernadette, à Lourdes, et après avoir prié, j'ai décidé de reconnaître le « caractère prodigieux-miraculeux » de cette guérison, comme signe donné par Dieu, par l'intercession de Notre-Dame-de-Lourdes.

Cette guérison nous redit la présence aimante et agissante de Notre-Dame dans la vie des fidèles qui, comme elle, veulent se mettre à l'écoute de la Parole de Dieu et la mettre en pratique. Assurément, bien des personnes qui vont ou sont allées à Lourdes ne bénéficient pas d'une telle guérison physique, mais ce signe est donné, parmi tant d'autres, aux croyants sans qu'ils aient à s'attarder sur le « pourquoi elle et pas moi ? », pour les encourager tous à la confiance et à la fidélité.

Monseigneur Jacques Benoit-Gonnin
Évêque de Beauvais, Noyon et Senlis

Communiqué du Bureau des constatations médicales de Lourdes :

SŒUR BERNADETTE MORIAU : de Bresles (France)

Diagnostic : Atteinte pluriradiculaire des racines lombaires et sacrées, communément appelée syndrome de la queue de cheval.

Âge à la date de la guérison : 69 ans au 11.07.2008.

Diocèse et date de reconnaissance : Beauvais, Noyon et Senlis (France), le 11.02.2018.

Sœur Bernadette Moriau est née le 23 septembre 1939 dans le nord de la France. À dix-neuf ans elle entre au couvent de Nantes dans la congrégation des sœurs franciscaines oblates du Sacré-Cœur de Jésus. Elle obtient son diplôme d'infirmière en 1965. En 1966, elle a vingt-sept ans lorsque débutent des douleurs lombo-sciatiques. Quatre interventions chirurgicales et des traitements se succéderont sans bénéfice net. En 1975 elle ne peut plus exercer son métier d'infirmière. Des déficits neurologiques apparaissent en 1987, réduisant nettement son périmètre de marche. Les traitements médicaux se montrent quasi impuissants. Un neurostimulateur médullaire est mis en place en 1992 et elle doit commencer un traitement morphinique en 1994. Des troubles sphinctériens apparaissent dès 1998. Le corset rigide cervico-lombaire porté à partir de 1999 devient permanent. En 2005 son pied gauche se transforme en équin nécessitant une attelle.

En juillet 2008, elle participe au pèlerinage de son diocèse à Lourdes et reçoit le Sacrement des malades.

Elle revient dans le même état et même aggravé par la fatigue du voyage.

Le 11 juillet 2008, alors qu'au même moment se déroule la procession eucharistique à Lourdes, elle est dans la chapelle de sa communauté pour une heure d'Adoration. Vers 17 h 45, elle revit, dans son cœur, un moment fort vécu dans la basilique Saint-Pie-X, lors de la bénédiction des malades avec le saint sacrement. C'est alors qu'elle ressent une sensation inhabituelle de relâchement et de chaleur dans tout son corps. Elle perçoit comme une voix intérieure qui lui demande d'enlever l'ensemble de ses appareils, corset et attelle. Elle constate alors que son pied est revenu dans sa position normale et qu'elle peut à nouveau le bouger. Tous les troubles sphinctériens disparaissent et elle interrompt le jour même tout traitement anti-douleurs ainsi que le neurostimulateur médullaire.

De trois nouveaux examens médicaux, des expertises et trois réunions collégiales à Lourdes en 2009, 2013 et 2016, ont permis au Bureau des constatations médicales de constater collégialement, le 7 juillet 2016, le caractère imprévu, instantané, complet, durable et inexpliqué de la guérison.

Le 18 novembre 2016 à Lourdes, lors de sa réunion annuelle, le CMIL (Comité médical international de Lourdes) confirme « la guérison inexpliquée, dans l'état actuel des connaissances scientifiques ».

Le 11 février 2018, Mgr Jacques Benoit-Gonnin, évêque de Beauvais, Noyon et Senlis, a déclaré le caractère miraculeux de la guérison de Sœur Bernadette Moriau.

C'est la 70e guérison de Lourdes reconnue miraculeuse par l'évêque du diocèse du lieu où réside la personne guérie.

Docteur Alessandro de Franciscis
– Médecin permanent du Bureau
des constatations médicales de Lourdes

Témoignage d'Anne, pharmacienne et volontaire pour accompagner le train des malades du diocèse de Beauvais :

« Marie,
Toi qui conservais avec soins toutes choses,
et les méditais dans ton cœur,
garde-moi de l'oubli… »
Extrait de la neuvaine de retour de Lourdes.

Ce mercredi 2 juillet 2008, le train blanc du pèlerinage à Lourdes du diocèse de Beauvais s'apprête à partir de la gare de Beauvais. J'ai été affectée à l'ambulance 12. J'ai le trac. Le voyage, c'est déjà le pèlerinage.

Je voyage avec Domitille notre infirmière, avec Maÿlis, elles connaissent parfaitement les tâches et les rouages de l'organisation, avec Jean-Baptiste, avec Thibaut, deux grands gaillards dont la gentillesse et la délicatesse auprès des malades font des merveilles. Chacun des malades est placé dans le train, avec ses bagages. Ce train n'est pas confortable pour eux, mais… on est tous ensemble. La plupart se connaissent et sont heureux de se retrouver. On peut prendre son temps avec le malade ; et avec le malade, chaque minute compte mais ça n'a pas de prix. Je fais la connaissance de Jeanne, très inquiète, elle a près de quatre-vingt-dix ans et, malgré tout, fait preuve d'agilité pour monter la petite échelle au deuxième niveau des couchettes. Angéline, Franck me semblent très jeunes, ils ont l'habitude de venir, ils ne parlent pas beaucoup, mais leurs regards en disent long, et le sourire ça marche toujours. Je sais que je ne les quitterai pas des yeux.

Et puis il y a aussi Sœur Bernadette, qui doit monter lentement au-dessus par l'échelle. Ça peut sembler compliqué, Bernadette porte un collier cervical rigide, un corset cage en résine, une orthèse de jambe (redresseur de pied). Je regarde ce matériel avec un œil médical intéressé, mais je me dis qu'à l'intérieur, il y a une personne, une souffrance. Je fixe ces « engins » dans mon esprit, et mes épaules me semblent plus lourdes. Je n'ai pas fini de baisser les yeux. Mais on hisse aussi la guitare de Bernadette ! Il y a la maladie, le handicap, il y a aussi l'espoir ! On rit beaucoup dans le train !

Le train part, les wagons ont été petit à petit chargés, comme un long collier de perles qui roule, chaque perle étant un malade, un hospitalier, un pèlerin, une perle qui a de la valeur (Matthieu 13,44-46).

Il est 19 h 45 c'est, mon premier pèlerinage avec l'Hospitalité (dans chaque diocèse, cette association est formée par du personnel médical et des laïcs – tous volontaires et bénévoles – pour accompagner pendant cinq jours les malades du diocèse à Lourdes, ndlr). Nous voyageons de nuit et nous serons à Lourdes, lieu de prodiges un peu comme la pêche miraculeuse au petit matin (Luc 5,1-11).

Bernadette me semble avoir un regard terne, je comprendrai par la suite : les doses de morphine qu'elle reçoit chaque jour pour la douleur sont très élevées, avec leur cortège d'effets indésirables. Pourtant elle est toujours souriante, discrète et attentive.

Un pèlerinage à Lourdes c'est beaucoup de grands moments très forts : processions, messes, sacrements. Et une multitude de petits détails qui ancrent l'amitié, qui font que les personnes rencontrées, celles qu'on a pu aider et celles qui nous ont aidés, font partie de nous-mêmes.

« Lave-moi Seigneur mon Dieu, purifie-moi, prends pitié de moi ! » La rencontre avec l'eau de Lourdes est extraordinaire, les fontaines, les piscines, qu'on soit dedans, qu'on soit dehors…

Un an plus tard, lors de la réunion de l'équipe médicale, Christophe, notre médecin « homme-orchestre », nous fait part de la « surprise » qu'il a vécue quelques jours après le retour du pèlerinage avec Sœur Bernadette qu'il avait lui-même inscrite en cette année 2008.

Il nous annonce que Bernadette revient cette fois à Lourdes avec l'Hospitalité pour ce pèlerinage 2009 certainement pas en tant que malade mais en tant qu'hospitalière au service des malades ! Elle est venue le voir après son pèlerinage en pleine santé !

Christophe nous raconte alors ses investigations, ses recherches pour retrouver les dossiers médicaux antérieurs. Il y a un silence parfait, nous sommes tous infirmières, médecins, aides-soignantes, à son écoute cherchant à comprendre… Ai-je bien tout compris ? Il n'y a plus de douleurs, il n'y a plus de traitements médicamenteux, plus aucun appareillage, il n'y a plus d'auto-sondages urinaires, il y a une entière souplesse des mouvements et une joie de revivre… Bernadette est guérie !

Au fur et à mesure des années, notre médecin cherchera à approfondir et à compléter ce dossier, il n'abandonnera jamais l'étude du cas de la guérison de Bernadette et grâce à eux deux, j'aurai la chance de vivre en direct le cheminement dans l'analyse d'un dossier porté à la connaissance et à l'acceptation du Bureau médical de Lourdes. Je participerai avec l'équipe médicale de notre Hospitalité, et avec tous les soignants présents à ce moment à Lourdes, à « l'étalage » du cas de Sœur Bernadette, avec interdiction de photographier, ou d'enregistrer le débat. Nous signons personnellement notre présence et sommes tenus au secret. Chaque année nous vivrons avec beaucoup d'émotions ces échanges. Sœur Bernadette est aussi dans l'émotion, le trac… Toujours tout remettre en question, chercher la faille, poser le bon diagnostic, éclaircir les faits, rien que les faits dans toutes leurs dimensions. Tous les rapports des spécialistes médicaux sont passés au crible : chirurgiens, orthopédistes, radiologues, psychiatres… Un travail de fourmis pour une vérité énorme.

Dans son homélie prononcée lors de sa venue à Lourdes, le pape Benoit XVI, cette même année, le 15 septembre 2008, nous dit : « Pour nous guérir, Il ne demeure pas extérieur à la souffrance, pour la porter et la vivre en lui. Il la soulage en venant habiter en celui qui est atteint par la maladie, pour la porter et la vivre en lui. La présence du Christ vient rompre l'isolement que provoque la douleur. L'homme ne porte plus seul son épreuve. »

L'Eucharistie que reçoit Bernadette la relève, lui donne cette force miraculeuse, et la révèle. « Je crois à la résurrection de la chair », tel est notre Credo dans le symbole des apôtres.

Oui c'est une évidence quand on constate le changement, ce bouleversement, cette « autre personne » vivante, gaie, dynamique, enjouée prête désormais à servir de plus belle son prochain, en la personne de Sœur Bernadette, prodigieuse, miraculée.

Avec son franc-parler, son naturel Sœur Bernadette est bavarde, elle partage beaucoup simplement, sincèrement. C'est toujours un plaisir de l'écouter, de regarder ses yeux pétillants.

Où est la personne avec laquelle j'ai commencé mon histoire ? Mon chemin vers Lourdes ? Où est l'inconnue, où est l'incertitude ? Où est le désert, où est le mal ? Envolés ! « La lèpre le quitta, et il fut purifié » (Marc 1,40-45).

En ce dimanche 11 février 2018, je pleure, je pleure de joie quand le Père Benoit, curé de ma paroisse, lit le message de Monseigneur notre Évêque Jacques Benoit-Gonnin, officialisant la reconnaissance de la guérison de Sœur Bernadette, je pense surtout à tous les malades et à leur espérance.

Merci.

Extrait de la prière du Jubilé 1858-2008 :

« Pour tant de grâces reçues ici,
Pour toutes les conversions,
Tous les pardons
Toutes les guérisons
Pour les vocations et les promesses
Que tu as confirmées ou que tu as fait naitre ici
Pour la joie du service que tu nous donnes de goûter,
Notre Dame de Lourdes,
Nous te remercions !
« Benedicta tu in mulieribus »

Anne (pharmacienne)

Témoignage du docteur Christophe Fumery, à l'adresse de Sœur Bernardette et de sa communauté, donné publiquement à Bresles (Picardie) le 3 mars 2018 :

Chère Bernadette, chères sœurs.

Il y a bien longtemps que les quatre petites lumières de la congrégation des sœurs Franciscaines Oblates du Sacré-Cœur brillent dans notre bourg breslois à travers tous les signes d'humanité et de prière dont vous inondez notre quotidien.

Pourtant ce 11 février votre lumière vient d'essaimer dans le monde entier…

Quand j'ai connu Bernadette elle était porteuse d'un handicap très invalidant, consécutif à sa pathologie qui évoluait depuis de nombreuses années…

De sa guérison à son retour de pèlerinage à Lourdes, je n'ai pu que constater l'invraisemblable, sans étonnement majeur toutefois ayant eu la chance de pouvoir étudier et examiner déjà plusieurs situations de guérison inexpliquées à Lourdes.

Mais, bien sûr, celle de Bernadette est la plus merveilleuse.

Dès l'année suivante de sa guérison, lors du pèlerinage j'ai pu avec son aval présenter son dossier au Bureau médical de Lourdes et les confrères ont validé l'étude de ce dossier. S'en est suivi neuf années de doute et d'espérance.

Bernadette était toute remplie de cette mission de témoignages.

De nombreuses expertises se sont succédé, menées

par différents professeurs de spécialités médicales en lien avec sa pathologie.

Je me souviens de l'attente avant le rendez-vous avec deux professeurs psychiatres où je laissais Bernadette face à ses examinateurs, de ces multiples séances de discussion du dossier au Bureau médical de Lourdes. Inlassablement et invariablement Bernadette racontait son histoire.

Il faut une résignation et une acceptation importante pour assumer cette démarche jusqu'au bout.

Cette guérison survient dans un environnement particulier. Comme dans beaucoup de paroisses, les bancs de notre église Saint-Protais-Saint-Gervais sont très clairsemés lors des offices.

Toutefois la population bresloise est plutôt bienveillante vis-à-vis de l'Église. Je crois pouvoir dire que c'est véritablement lié à des personnalités ecclésiales telles que l'abbé Habasque qui était très impliqué dans la vie communale à travers le foot. Et à l'abbé Devred qui œuvrait comme sapeur-pompier et que l'on a pu voir défiler, au milieu des ses pairs pompiers, lors des fêtes populaires du 14 juillet !

Il en est de même du travail exceptionnel d'accompagnement des jeunes au sein du patronage que Sœur Albertine animait dans un premier temps puis, plus tard, auprès des anciens comme infirmière.

Le relais aujourd'hui a été saisi par les autres sœurs de la communauté. Elles vivent au plus près des Breslois et poursuivent la mission initiée de la rencontre avec l'autre, quel qu'il soit… L'une est membre du CCAS, une autre du secours catholique, une autre visite les personnes vulnérables. Ces personnalités ont marqué ou marquent notre communauté par leur engagement dans une vie sociale ou professionnelle.

Ce sont des témoignages de foi au service de tout un chacun… et en dehors des bancs de l'Église ! Ces femmes et ces hommes d'église ont permis de faire naître une communauté tolérante, fière de son Église. Une communauté bienveillante où chacun peut ainsi vivre sa foi sans jugement.

Cette guérison a aussi été pour nous deux, Bernadette et moi, le début d'une complicité dans la prise en charge de patients en fin de vie. Je repense à Hervé que nous avons accompagné ensemble avec Anne à Lourdes. Je songe au cheminement et l'amitié de son épouse. Je revois les liens créés, le cheminement et l'amitié de Bénédicte après la prise en charge de la fin de vie de son époux. Et tant de cheminements des uns et des autres à travers l'accueil…

Je revois toutes ces personnes qui, au travers de la souffrance de la maladie, ont pu se dépasser grâce à ton témoignage ou ta présence.

C'est ce rôle majeur d'accompagnement que tu as prolongé au sein de notre Hospitalité diocésaine pour Lourdes, toujours par ta présence auprès de nos grands malades de notre secteur missionnaire : Michèle, Hervé, Mamie D, Constant et tous les autres. Travail discret dans ces chambres de malades où tant d'amour passe…

Jamais rien ne sera plus comme avant dans notre paroisse ou dans notre Hospitalité.

Docteur Christophe Fumery

Lettre du docteur Fumery du 20 août 2008 :

Dr FUMERY Christophe (60 1 02053 0)

consultations:
tous les jours
du lundi au

de 7h à 20 h sur
Rendez-Vous

Le mercredi 20 août 2008

Mon cher Confrère,

Je vous adresse M Bernadette MORIAU que vous connaissez bien depuis de nombreuses années.

Spectaculairement sa symptomatologie douloureuse a disparu spontanément quelques jours après son pélerinage à Lourdes.

Depuis elle s'est sevrée très rapidement des mrorphiniques et a repris une activité tout a fait normale. Depuis les amplitudes articulaires se sont bien améliorées elle a pu quitter son releveur, son corset et ne se sonde plus

Je vous prie de croire, mon cher Confrère, à mes sentiments les meilleurs.

Lettre du docteur Alliaume du 10 septembre 2008 :

CABINET DE RHUMATOLOGIE
Docteur Christophe ALLIAUME - Docteur Michel SIGAUD

Docteur Christophe ALLIAUME
Ancien Interne des Hôpitaux de Nantes
Ancien Chef de Clinique à la Faculté
Diplômé du D.E.S. de Rhumatologie
Diplôme de Podologie

MALADIES des OS et des ARTICULATIONS
PODOLOGIE
Radiologie Osseuse - Ostéodensitométrie
44 1 05325 3

Double à la patiente

Double à M. BESSIGNEUL
M.K.

Docteur Christophe FUMERIE

Nantes, le 10/09/2008

Cher Confrère,

Je revois la sœur **Bernadette MORIAU** née en 1939 et je suis tout à fait étonné de ne plus constater aucun trouble si ce n'est bien sur les cicatrices de ses multiples interventions chirurgicales sur le rachis. Les symptômes ont disparu de manière spectaculaire, quelques jours après un pélérinage à Lourdes. Je ne peux que constater ce jour qu'elle peut marcher sur la pointe des pieds et les talons, que nous obtenons une anteflexion complète du rachis et une mobilisation indolore. L'examen des genoux, siège d'une arthrose, est sensiblement normal. Nous constatons juste une petite déficience sur la qualité de la musculature et qui nécessitera la poursuite du travail en kinésithérapie régulièrement.

Le dossier de cette patiente est conséquent sur les séquelles de sa pathologie rachidienne. Elle est même porteuse d'un stimulateur implantable, a consommé de nombreux traitements médicamenteux puissants, consulté en centre antidouleur, marché de manière prolongée avec un appareil anti-steppage... Les derniers examens complémentaires réalisés au niveau du rachis montraient des anomalies conséquentes.

Je ne peux donc que constater sans pouvoir donner d'explication mais avec satisfaction. J'arrête tout traitement en dehors de la kinésithérapie notamment les injections de produit visco-élastique prévues en regard des genoux sont annulées.

Restant à votre disposition,

Bien cordialement.

DR C. ALLIAUME

Membre d'une A.G.A., le règlement des honoraires par chèque est accepté

Lettre du docteur Allary du 5 novembre 2008 :

CABINET DE RHUMATOLOGIE « VILLA THERMAÉ »

MÉDECINE THERMALE

Dr Bernard ALLARY
RHUMATOLOGUE
Diplômé de la Faculté de Médecine de Lyon
Membre de la Société de la Société Française d'Hydrologie et Climatologie Médicales
04-1-70025-3-0-1-20-2

Dr Patrick BONISSENT
RHUMATOLOGUE
Diplômé de la Faculté de Médecine de Paris
Ancien interne des Hôpitaux R.S.
Membre de la Société Française d'Hydrologie et Climatologie Médicales
04-1-70018-8-0-1-20-2

Gréoux-les-Bains, le 5 Novembre 2008

DR ALLIAUME
DR FUMERY

Cher confrère,

Je vous remercie vivement de m'avoir confié, une nouvelle fois, soeur Marie-Bernadette, que je connais bien depuis 6 ans, dont j'avais malheureusement constaté la dégradation progressive et apparemment inéluctable de l'état ostéo-articulaire et neurologique.

Et je souscrit totalement à l'ensemble de vos observations telles que vous m'en faites part dans votre courrier, observations retrouvées par le Dr Fumery:
-disparition totale des troubles fonctionnels majeurs, de la réduction de la marche (qui n'était plus possible qu'avec releveur du pied sur steppage), akinésie vésicale (doù autosondages et infections récidivantes), incontinence rectale
-normalisation de la mobilité lombaire (la DMS est passée en 1 an de 50 cm en 2007 à 13 cm), absence de signe de Lasègue; persiste, tout à fait explicable par la longue immobilité, l'amyotrophie des quadriceps et des mollets (mais elle est en voie de récupération avec la reprise de la marche); et comme signes neurologiques, la difficulté à retrouver des réflexes achiléens et rotuliens)

Ces améliorations évidentes, qu'elle décrit avec précision, apparues dans les suites immédiates de son pèlerinage à Lourdes, lui ont permis de supprimer les thérapeutiques lourdes qui étaient devenues indispensables, notamment les morphiniques; le retentissement sur son état thymique est, lui aussi, tout à fait impressionnant.

Nous avons repris ensemble l'historique de ses pathologies ostéo-articulaires et neurologiques, que vous connaissez tout aussi bien que moi: 1968 chirurgie du CLE à 2 reprises, persistance de la sciatalgie 1973 rééducation à Saint-Gervais et au centre des Massues, plâtre, rèintervention sur hernie discale et arachnoïdite 1975 arthrodèse, rechute, plâtres corset infiltrations 1991 mise en place d'un neurostimulateur 1994 recours à la morphine 1998 akinésie vésicale, échec rééducation, 2000 début auto-sondages et infections 2004 méniscectomie droite et steppage gauche
utilisation d'un releveur 2006 incontinence rectale 2008 un fauteuil roulant doit être utilisé à son arrivée à Lourdes

Le traitement thermal a comporté bains en piscine collective, douches sous immersion de forte pression, mobilisation en piscine thermale, cataplasmes de boue, bains de boue général.

Sur le plan général, ce traitement a été bien toléré avec en fin de séjour une tension à 135/80 et un poids de 54 kg pour une taille de 1.61 m.

Je lui ai juste conseillé, mais elle m'en avait auparavant parlé, l'utilisation la plus intermittente possible d'un Lombax pour les travaux domestiques; et l'examen ne retient plus qu'une banale rigité cervicale.

Je suis tout à fait stupéfait de constater la transformation de soeur Marie-Bernadette, transformation que nous ne pouvions espérer dans le cadre de nos thérapeutiques classiques.

Bien cordialement.

DR ALLARY

SOCIÉTÉ CIVILE PROFESSIONNELLE DE MÉDECINS

Prière à Marie

Composée par Sœur Bernadette en action de grâce pour la reconnaissance du miracle à Lourdes

Je te salue Marie, Vierge de Nazareth,
Par ton oui le jour de l'annonciation.
Le Fils unique de Dieu a fait resplendir sa lumière.
Tu as marché et prié aux côtés de Jésus,
Traversant nos routes humaines.
Tu es restée debout au pied de la Croix,
Où tu es devenue notre Mère.

Ô Vierge Immaculée tu t'es manifestée
Au creux du rocher de Massabielle
À une petite fille pauvre, Bernadette.
Regarde tes enfants
Qui viennent du monde entier pour te prier.
Accorde au monde la Paix,
Aux malades la guérison,
Aux persécutés la consolation,
Aux prisonniers la libération,
Aux pécheurs que nous sommes la conversion.

En ce pèlerinage, Tu nous redis comme à Cana,
« Faites tout ce qu'Il vous dira. »
Rends notre cœur disponible
comme Toi Vierge Marie
Pour entendre la parole de Dieu
Qui résonne au fond de notre cœur.
Donne-nous de vivre de l'Eucharistie
Et accorde à ton Église, et à notre Diocèse,
Des Prêtres pour nous donner
Le Corps du Christ.

Fais de nous des témoins
de la Miséricorde de Dieu.
Et qu'enfin, nous puissions
Te contempler dans le ciel, et chanter avec Toi,
« Le Seigneur fit pour nous des merveilles. »

Amen.

Notre Dame de Lourdes priez pour nous
Sainte Bernadette priez pour nous
Sœur Bernadette 11 février 2018

*

Sœur Bernadette Moriau
En fraternité

Maison mère des sœurs franciscaines oblates
du Sacré-Cœur
15 rue de la Brianderie
44100 NANTES

PAPIER À BASE DE FIBRES CERTIFIÉES

Le Livre de Poche s'engage pour l'environnement en réduisant l'empreinte carbone de ses livres. Celle de cet exemplaire est de :
200 g éq. CO_2
Rendez-vous sur www.livredepoche-durable.fr

Composition réalisée par NORD COMPO

Achevé d'imprimer en France par
CPI BRODARD & TAUPIN (72200 La Flèche)
en janvier 2020
N° d'impression : 3037242
Dépôt légal 1re publication : février 2020
LIBRAIRIE GÉNÉRALE FRANÇAISE
21, rue du Montparnasse – 75298 Paris Cedex 06

38/5165/4